# 公司治理与营运资本的动态调整

## ——来自于中国制造业上市公司的经验证据

### 李坤榕　著

中国财经出版传媒集团

经济科学出版社

Economic Science Press

**图书在版编目（CIP）数据**

公司治理与营运资本的动态调整：来自于中国制造
业上市公司的经验证据/李坤榕著 . —北京：经济科
学出版社，2021.10
ISBN 978 - 7 - 5218 - 2879 - 5

Ⅰ.①公… Ⅱ.①李… Ⅲ.①上市公司 - 企业管理 -
资本经营 - 研究 - 中国 Ⅳ.①F275.6

中国版本图书馆 CIP 数据核字（2021）第 187565 号

责任编辑：黄双蓉
责任校对：靳玉环
责任印制：王世伟

**公司治理与营运资本的动态调整**
——来自于中国制造业上市公司的经验证据
李坤榕　著
经济科学出版社出版、发行　新华书店经销
社址：北京市海淀区阜成路甲 28 号　邮编：100142
总编部电话：010 - 88191217　发行部电话：010 - 88191522
网址：www. esp. com. cn
电子邮箱：esp@ esp. com. cn
天猫网店：经济科学出版社旗舰店
网址：http://jjkxcbs. tmall. com
北京季蜂印刷有限公司印装
710 × 1000　16 开　11 印张　200000 字
2021 年 10 月第 1 版　2021 年 10 月第 1 次印刷
ISBN 978 - 7 - 5218 - 2879 - 5　定价：42.00 元
（图书出现印装问题，本社负责调换。电话：010 - 88191510）
（版权所有　侵权必究　打击盗版　举报热线：010 - 88191661
QQ：2242791300　营销中心电话：010 - 88191537
电子邮箱：dbts@ esp. com. cn）

# 前　言

　　营运资本是企业经营活动的"血液"，为企业的生产经营活动输送能量和养分。随着社会经济的不断发展与经济结构的转型升级，企业面临日益激烈的市场竞争和经营环境的变动，由此带来的经营压力使得营运资本在企业中的重要性日益凸显。如史密斯（Smith，1980）所言，营运资本对企业利润、风险以及价值起着重要的作用。2016年11月中国华融预计发行总额约为29.8亿美元的票据用于集团营运资本。2015年7月碧桂园拟发行60亿元境内债券用于营运资本及债务重募。据路透社报道，2012年6月安永会计师事务所公布的一份调查报告显示，欧美大型企业的资产负债表中累积了高达1.2万亿美元现金。不仅如此，安永会计师事务所在其年度营运资本管理调查中还发现，因担心出现新的信贷紧缩或经济下滑，2000家欧美大型企业储备大量营运资本，总量相当于销售额的近7%，仅营运资本这一项就使得企业可能因此失去了削减债务、回馈投资者或加快企业利润增长的机会。营运资本的重要性不言而喻，以往对营运资本的研究多从静态角度对营运资本的持有水平、配置状况等进行现状描述，显然这类研究缺乏对营运资本动态变化过程的解释，注重单项资产管理而忽视整体资金变动，注重财务因素而忽视治理机制，注重资金管理而忽视业务创新。因此，以动态视角分析营运资本，使得企业对营运资本的调整能够适应日益激烈的竞争已迫在眉睫。

营运资本作为企业内外部各因素协同共生的产物，不仅受到外部供应商和客户的影响，还会受到内部公司治理机制的影响，企业营运资本在不同的公司治理环境下会呈现出不同的动态调整状态。公司治理本质上是一种解决公司各种代理问题的制衡机制，它保障了企业的生产经营决策的正确性。公司治理形成了控制权运作过程中各种要素的集合，保证了财务决策的有效性。本书以企业营运资本的动态调整为研究对象，以公司治理为切入点，借助权衡理论、委托代理理论和权变理论诠释营运资本动态调整的原理，并就公司治理对营运资本动态调整的可能影响进行理论分析，同时结合中国制造业上市公司的样本，对相关的研究假设进行实证检验。由于制造业属于资金和劳动密集型行业，基建、设备投资规模大，应收账款、存货占流动资产的比重较高，营运资本对经营业绩的影响较为重大。而且，制造业上市公司通常集供、产、销业务于一体，相较于其他行业，具有较为完整的营运资本周转环节，因此，本书将研究样本限定在我国制造业上市公司，通过对制造业上市公司营运资本的动态调整研究，不仅有利于拓展营运资本的研究视角、丰富短期财务决策的研究内容，同时提供了从逻辑起点、调整过程到调整结果的动态分析框架，为探究公司治理对营运资本动态调整的影响提供经验证据。

本书以 2000～2015 年中国 A 股沪深两市制造业上市公司为样本，基于权衡理论、委托代理理论和权变理论，检验企业是否存在目标营运资本，并且实证分析公司治理在营运资本动态调整过程中的作用机制。研究结论主要有以下两点：

（1）企业存在目标营运资本，企业管理者存在主动调整营运资本的行为

本书研究发现，企业存在目标营运资本，且企业的营运资本存在着向目标值进行调整的趋势。根据动态权衡理论和权变理论，企

业的营运资本并不是恒定不变的，它会根据企业的内外部影响因素发生变化，这种被动的变化使得企业的营运资本会产生波动，从而偏离其目标值。随着企业对营运资本重视程度的提高，企业的管理者会在持续经营期间重新调整营运资本，使其保持在一个合理的区间内，从而提高企业的运营效率。

（2）公司治理对企业营运资本的动态调整具有重要的影响

股权结构、董事会治理和高管层治理是公司治理的主要构成要素。在股权结构方面，第一大股东持股比例越高，营运资本的调整速度越慢，相应的营运资本偏离程度越大；第二到第十大股东持股集中度越高，营运资本的调整速度越快，而偏离程度越小；相比于非国有公司，实际控制人为中央或地方政府的公司营运资本调整速度更慢，但是其对偏离程度的影响则不显著；在董事会治理方面，独董比例对营运资本的调整速度起到促进作用，从而降低营运资本的偏离程度；董事长与总经理两职由一人兼任显著降低了营运资本的调整速度，但是其对营运资本偏离程度的影响并不显著；在高管层治理方面，虽然高管薪酬和高管持股比例都有效地降低了营运资本的偏离程度，但高管薪酬对营运资本调整速度的促进作用较为显著，而高管持股比例则作用不明显。

本书的研究贡献和可能的创新之处主要有三点：

（1）丰富了营运资本的研究内容

目前国内外的研究大多以静态的视角探讨营运资本（如营运资本的管理效率和管理策略），仅有的关于动态调整的研究也只关注了营运资本的调整过程，缺乏对调整结果的进一步分析。调整速度是对营运资本动态调整过程状况的描述，而偏离程度则反映了前期调整过程在本期时点上的具体结果。本书结合营运资本的调整速度和偏离程度，综合考量了营运资本的动态调整，使得对营运资本调整的研究更为全面。

（2）拓展了营运资本的研究视角

作为协调公司内部各参与方利益的一种制度安排，公司治理对企业的财务管理行为有着重要且深远的影响。已有研究通常关注于宏观经济波动、融资约束对营运资本动态调整的影响，缺少从公司治理层面的研究。本书从公司治理的视角对营运资本的动态调整展开研究，一方面有助于寻找和解释营运资本动态调整行为的动因，另一方面也有利于理解公司治理在公司财务决策中所发挥的影响。

（3）将多种计量方法用于营运资本动态调整的研究

现有关于目标营运资本的研究大多从营运资本与企业业绩之间的关系入手，以静态的视角探讨两者的非线性关系，以此证明最优营运资本的存在性。这种研究方法的优点在于方法简单且易于理解，但缺点是该方法将公司的财务管理行为视为静态的一次性的决策，缺乏对连续多期视角下营运资本持有水平变动及其调整行为的研究。本书以一个动态的视角探讨目标营运资本的存在性。在实证研究中，本书首先借助一阶自回归模型，对企业的营运资本"回复均值"现象进行验证，初步证明目标营运资本的存在性；其次，通过局部调整模型，检验企业内部的营运资本运动并非随机的杂乱无章的波动，也非系统性机械式的循环往复运动，而是围绕一定的目标区间不断主动趋近的动态调整过程，从而进一步验证目标营运资本以及营运资本动态调整行为的存在性。在具体回归方法的选择上，本书主要采用系统广义矩估计法（GMM）对动态调整模型进行回归，同时利用混合效应模型、固定效应模型和修正的最小二乘虚拟变量法进行对比检验，以保证结论的稳健性。

# 目　录
CONTENTS

# 第 1 章

# 绪　　论

本章作为全书的开篇章节，主要针对选题背景、研究意义、主要概念界定、研究思路、研究方法以及可能的创新之处等内容进行逐一的阐述，通过构建全书的基本研究框架，期望能为后续研究的展开做好铺垫。

## 1.1　选题背景与研究意义

### 1.1.1　选题背景

营运资本是附着于业务营运的资金，与企业的商品经营密切相关。由于营运资本深受市场竞争的影响，并且直接面对产业链中上下游企业的冲击，极容易出现波动甚至"沉淀"后出现断流，当营运资本发生断流时，很可能导致企业经营活动运转困难。因此，有效的营运资本管理有利于企业生产经营活动的顺利开展，会给企业带来更多的发展机遇和活力。国内外众多企业失败的经验教训印证了这一推论，尤其是席卷全球的金融危机，更是让企业深刻认识到了流动资金的重要性。营运资本在企业现实经营中的重要作用不言而喻，而在学术研究中，营运资本也被认为是企业生存的底线或红线（李心合，2013）。

学者们对营运资本的研究主要包括目标营运资本、影响企业营运资本的主要因素、营运资本的管理效率、营运资本的管理策略和营运资本的管理绩效。大多数学者从营运资本与企业业绩之间的关系入手对上述问题进行研究，虽然营运资本与公司业绩的相关性毋庸置疑，但学术界关于二者之间究竟呈现出怎样的联系却是众说纷纭，莫衷一是。王（2002）、德洛夫（2003）以及法洛普和阿基洛尔（2009）等认为营运资本与公司业绩之间存在一种负相关关系，而马图瓦（2009）等却持有完全相反的观点，并通过实证方法验证了营运资本与公司业绩之间存在显著的正相关关系。产生这两种相反结论的主要原因在于营运资本与公司业绩间的关系并不能用简单的线性关系来描述，一方面，增加营运资本可获得由提前支付所带来的购买折扣以及由宽松的信用政策所带来的销售增长，进而在一定程度上提升了公司业绩；另一方面，保持较高的营运资本也意味着企业的现金被"困"在营运资本之中，阻碍公司对其他增值项目的投资，导致对公司业绩产生消极影响。巴尼奥斯（2012）提出营运资本与公司业绩之间存在倒 U 型关系，印证了这两个方面对营运资本的影响。本书认为，公司的营运资本是企业经营决策的结果，应当从连续多期视角下观察营运资本的运动，验证是否存在目标营运资本使其在这两种效应之间取得平衡。

张维迎（2005）和樊行健（2005）认为，在宏观经济等外部环境一定的情况下，公司本身的运营状况是影响公司经营状况的决定性因素，公司治理水平体现其财务决策能力。代理理论构建了考察公司财务行为与公司治理关系的理论框架。公司治理产生的原因主要为两个方面：一是代理问题（即组织成员之间存在利益矛盾），二是交易费用。仅依靠契约的形式无法解决代理问题，只有在一个组织中研究才有可能解决这一问题。公司中每个人都竭尽全力地追求利润及自身市场净价值的最大化，或者是追求企业成本最小化；每个人在实现利益最大化和降低成本这一努力过程中获益，并不需要调动企业成员积极性的激励机制和解决争端的治理机构。然而，现实中签订契约而产生的费用比重很大。交易费用的存在表明了契约各方不可能签订所谓的完全契约。此时，公司需要某些治理结构来解决这一问题。有学者认为，公司治理与公司经营管理有显著区别，公司治理着眼于企业治理制度，构建了企业运行的基础和责任体系框架，而公司经营管理则以具体的运营过程为主要内容，因此这两者在考察企业的角度、研究的核心内容、在企业管理中的地位和发挥的作用等方面都不同，是两种不同的管理体系。事实上，公司治理的作用点从本质上来说并非公司的业务经营，而是立足全局对公司予以指导、控制和监督，并采取相应的措施对不符合公司利益的行为进行调整。从经营与管理的关系来看，二者密切相关。一方面，管理是经营的根本，管理工作与管理制度在企业经营过程中不可或缺；另一方面，经营是管理的前提，管理的各项职能的实施，都以持续经营假设为基础。

承袭代理问题与财务学的思想，已有文献从微观企业层面探讨了公司治理对经营活动的积极作用，以探索公司治理影响营运资本的作用机理与路径。在信用管理方面，落后的企业管理制度和薄弱的信用风险防御能力是应收账款居高不下的原因之一，而科学的法人治理机制为现代企业经营与风险控制提供了制度保证。在公司经营方面，股权结构不合理会导致政府的过度干预，管理层激励制度设计的不合理会成为公司管理层惜售存货，进而造成存货积压的重要原因。既然公司治理水平影响企业的信用风险和存货管理，那么，公司治理对营运资本的具体影响路径是怎样的呢？从已有文献来看，这一问题在近些年才逐渐得到关注。已有文献探讨了公司治理与营运资本管理绩效的关系，陈克兢等（2015）将公司治理作为营运资本的影响因素进行实证研究，结果表明独立董事比例与营运资本规模呈显著正相关关系，股权集中度、董事会规模与营运资本规模呈显著负相关关系。

近年来，营运资本领域研究的一个发展趋势是将营运资本决策动态化，即研究营运资本的动态调整问题。将营运资本确定并调整至目标值，是企业进行短期财务决策的基础。而营运资本作为企业内外部多种因素综合影响的结果，其变化不仅受到经济周期等宏观因素的影响，也会根据企业主体的控制进行相应的调整。以往的相关研究主要集中于外生影响因素层面对其进行考察，如巴尼奥斯（2010）利用 2001～2005 年 4076 家西班牙非金融中小企业数据验证利率和国内生产总值（GDP）增长等宏观因素对现金周转期的动态调整存在影响。吴娜（2013）利用中国制造业上市公司数据验证了经济周期和融资约束对营运资本动态调整的影响，结果表明经济周期与营运资本的调整速度负相关，融资约束对营运资本的调整速度存在明显的正向促进作用。已有研究大多从外生影响因素层面考察企业营运资本的调整，忽视了公司主体的主观能动作用，从而使公司治理对企业营运资本的调整行为难以达到预期目标。

基于此，本书以 2000～2015 年中国 A 股沪深两市制造业上市公司为样本，实证分析公司治理在营运资本动态调整过程中的作用机制。由于已有研究已证实，不同行业之间营运资本的特征存在显著差异且由于行业不同各影响因素对营运资本的作用机制与结果也千差万别，为使研究结果具有针对性，消除行业特征对营运资本的影响，因此，本书选取制造业为样本进行实证分析。本书的基本思路是：首先，验证企业存在目标营运资本，并且当营运资本偏离目标时，企业会向着目标做出调整；其次，在剖析目标营运资本动态调整机理的基础上，分析公司治理在营运资本动态调整中的作用机理；最后，检验企业在不同公司治理机制中营运资本是否会向目标营运资本调整，调整的速度如何及调整的结果即偏离程度会发生怎样的变化。本书的研究贡献在于结合公司治理，对营运资本的动态调整进行了深入研究，在一定程度上丰富了企业内部营运资本问题的研究，拓展了企业内部短期财务决策领域的研究成果。

## 1.1.2　研究意义

营运资本是公司重要的财务资源之一，合理的营运资本有利于企业生产经营活动的顺利开展和企业资本结构的优化。从理论研究和实践发展的历程来看，自从莫迪格利安尼和米勒的 MM 理论第一次提出并论证资本结构与企业价值之间的相关性之后，现代公司财务的研究大多致力于探讨企业资本结构等长期财务决策。与之相比，短期财务决策的研究成果远远不足，且相较于资本结构调整，营运资本的决策往往带有一定的"随意性"。本书将营运资本的动态调整作为选题具有一定的理论意义和实践价值。

　　研究营运资本的理论意义主要体现在以下几个方面：

　　第一，有助于拓展营运资本的研究视角。现有对营运资本的研究主要着眼于营运资本对公司绩效的影响，鲜有从经济后果角度进行的探讨，虽然国外有文献从这一角度对其进行了分析，但国内对此研究尚处于起步阶段，分析营运资本动态调整的文献也较少，本书在此基础上进行了理论探索。

　　第二，为探索公司治理对营运资本的影响机理提供经验证据。既然企业存在目标营运资本，但是对于营运资本是如何作用于企业，是何种机制影响和保障了营运资本发挥其有效性一直以来众说纷纭，鲜有学者将这一作用机理的"黑匣子"打开。本书在理论分析的基础上，从调整成本和调整收益角度分别探讨了营运资本动态调整的影响机理，并构建了基于公司治理的营运资本动态调整实证模型，从公司治理的主要构成要素分析营运资本的动态调整过程。

　　第三，本书的研究结论在一定程度上丰富了企业短期财务决策的研究内容，将公司治理因素引入营运资本的研究之中，探究了公司治理对营运资本的影响，为提高中国上市公司的治理水平、提高营运资本的运营效率提供了证据支持。

　　研究营运资本的实践价值主要体现在以下几个方面：

　　第一，有助于公司持有适度的营运资本。营运资本是一把"双刃剑"，既是防范短期流动性风险的利器，又会损伤资本的收益能力，本书对目标营运资本动态调整的探究过程，可以使企业管理者运用权衡理论适度地持有营运资本，最大限度地获取持有营运资本的收益。

　　第二，为公司调整营运资本提供可操作的分析框架。由于经济环境的影响，公司为了在竞争中取得并保持优势，大多会致力于从公司内部挖潜增效，因此越发重视对营运资本的优化。本书既分析了目标营运资本的存在性，又探讨了公司治理机制对营运资本调整速度的可能影响，还进一步分析了公司治理对营运资本偏离程度的影响，使公司在调整营运资本的过程中有据可依，为实现公司价值最大化提供更为有力的支持。

# 1.2　主　要　概　念　界　定

## 1.2.1　营运资本的概念界定

（1）营运资本的定义

营运资本（Working Capital）的概念源于美国小商贩，最初是指为除固定资产以外企业为持续经营所持有的资金，用以体现企业周转性资产配置的合理程度及其规模大小。这种概念保留了较为原始的营运资本内涵，但是其仅仅注重营运资本量的总数，却忽视了资金的来源，难以体现资金管理及财务管理的本质要求。随后，现代财务理论从企业的融资结构和财务决策角度，将营运资本定义为公司一定时期内的全部流动资产与流动负债的差额，即净营运资本（Net Working Capital），也就是狭义的营运资本。

国外关于营运资本的研究始于 20 世纪 30 年代，最初学者们将营运资本视为衡量企业短期偿债能力的指标，以避免企业因资不抵债而导致破产清算。1953 年美国注册会计师协会在第 43 号会计研究公告中将营运资本定义为资产负债表中测量流动性的部分，营运资本作为企业资产流动性测量的一种静态指标，是维持企业日常经营活动周转的重要缓冲剂。柯林斯（1945）、古特曼和道格尔（1948）均将流动资产超出流动负债的部分视为营运资本，这种定义方式一方面有利于借助资产负债表和利润表信息研究营运资本的来源、变动情况和使用状况，另一方面有利于对公司资产的流动性和偿债能力进行评价。但是由于流动资产与流动负债包含科目的种类、性质和目的的差异较大，对考察公司具体的经营管理状况造成一定的困难。因此，为了使营运资本研究更直观地反映公司经营活动，有学者将营运资本定义为衡量企业维持日常经营所需的营运资本数量（邱和程，2006），反映企业当前经营需求和经营资源之间的差异（舒尔曼和考克斯，1985），其中，经营需求包括存货和应收账款，经营资源包括应付账款和应计项目。希尔等（2010）在此基础上进一步对其进行了修正，将营运资本定义为应收账款加上存货减去应付账款的余额，这种定义方式抓住了企业营运资本的核心组成部分，既有利于研究者厘清并明晰营运资本的研究重点，从而更好地把握研究方向；同时，又与企业经营活动密切相关，可以为企业加强营运资本管理提供政策建议。

国内学者对营运资本的研究起步较晚，而且在较大程度上延续了国外学者的普遍观点。如毛付根（1995）将企业流动资产的总额视为营运资本，同时将企业流动资产与流动负债的差额定义为净营运资本，并认为净营运资本的使用状况不仅对企业内部管理至关重要，而且通常被用以衡量企业的财务风险。而雷新途（2003）则从经济学视角出发，认为企业应当以最大化所有者财富为研究起点综合考虑投资报酬与经营风险，并在两者之间寻求最佳组合，因此他将企业正常营运必须经常占用的、最低水平的流动资产需用量，也即永久性流动资产，定义为营运资本，反映了企业正常运营所占用的稳定资金量。王治安和吴娜（2007）基于国外的研究经验，考虑到营运资本对财务危机和企业流动性的预测，结合中国会计报表列报习惯，将营运资本定义为部分应收款项加上存货再减去部分应付款项的计算终值，即营运资本 =（应收账款 + 应收票据 + 部分其他应收款 + 预付账款 + 应收补贴款 + 待摊费用 + 存货）–（应付票据 + 应付账款 + 预收账款 + 应付工资 + 应付福利费 + 应交税金 + 其他应交款 + 部分其他应付款 + 预提费用）。

此外，国内学者王竹泉等（2007）基于经营管理视角，重新考察了营运资本的构成项目在经营活动中的角色和目的。他们认为经营活动中的营运资本，如存货、应收账款、预付账款、应付账款等，其管理目的在于通过提高周转率进而提升盈利能力，而其他营运资本项目，包括现金、应收利息、交易性金融资产等，并未直接参与经营活动，属于投资和筹资的范围，其管理目标是保持企业足够的流动性和偿债能力。据此，他们将营运资本划分为"经营活动营运资金"和"理财活动营运资金"两类。王竹泉和孙莹（2010）考虑到传统的营运资本定义仅关注了资金的流动性，缺乏对资金管理的整体性和协调性的综合考量，因此他们转而从营运资本运动方向的角度，将营运资本定义为总资产与因营业活动（包括经营活动和投资活动）而产生的负债（既有长期负债又有短期负债）之间的差额，该总资产为企业的经营性资产。为了更准确地明晰营运资本的这一概念，王竹泉等（2012）将营运资本定义为企业在营业活动（经营活动和投资活动）中的净投入或净融通的流动资金。这种新的定义方式的优点在于能够较好地与传统的营运资本概念衔接，体现财务、业务一体化的新理念，缺点则在于一方面计算较为复杂，需要对传统的报表项目根据资金使用活动进行重分类，另一方面研究结果很难与国外研究进行对比，客观上造成了营运资本研究的可比性较差。

综上所述，营运资本概念界定的差异，主要归因于财务报表的列报方式。财务报表为了突出资产和负债的流动性，满足报表使用者的需求，而将资产负债按照其流动性进行分类列报，并未根据资金的筹措与使用去向进行划分。从国内外研究的普遍观点来看，大部分对营运资本的定义将流动资产与流动负债的差额视为营运资本的基础。考虑到营运资本研究的可比性及其与企业实际运营需求的密切程度，本书在多元回归分析中采用国内外研究较为主流的营运资本度量指标，即"应收账款＋存货－应付账款"（希尔等，2010），这一度量指标的使用经常伴随着对企业现金周期（存货周转期＋应收账款周转期－应付账款周转期，CCC）的研究，随着营运资本研究视角从流动性预防转向经营周期控制，企业愈加要求通过提升周转效率来提高其经营业绩，使用这种定义方式更有利于直观地掌握企业营运资本在供产销环节的周转效率，为进一步提高效率奠定基础。为了保证研究结论的稳健性与一致性，本书在稳健性分析中分别采用王治安和吴娜（2007）以及柯林斯（1945）的定义方式，剔除营运资本度量指标变化对研究结论的影响。

（2）营运资本的分类

关于营运资本的分类方法主要有三种：第一种是传统的按其构成要素进行分类，将营运资本划分为现金、有价证券、应收账款、存货和应付账款等。这种分类方法主要用于研究各组成部分的持有比例和持有水平，以期缩短各项目的周转期，实现公司价值最大化。但这种分类方法割裂了营运资本各项目之间的联系，缺乏对营运资本整体的战略性考虑。第二种是依据其随时间的变动特点进行分类。肯尼斯（1981）将营运资本划分为临时性营运资本和永久性营运资本，他指出由于临时性需求或季节性变化而导致的临时性营运资本更加适用于有关经济订货批量和信用授权等方面的研究，而永久性营运资本更需要长期的战略性安排。该种营运资本分类方法主要用于研究短期融资和长期融资的配比组合，以期寻求最佳的融资结构以满足营运资本需求。第三种分类方法是王竹泉等（2007）对营运资本的重新分类，他们将营运资本分为经营活动营运资本和理财活动营运资本，并基于此进一步将经营活动营运资本按照其与供应链或渠道的关系分为营销渠道的营运资本、生产渠道的营运资本和采购渠道的营运资本。这种分类方法从公司经营的视角将营运资本管理与渠道管理相结合，总体考察营运资本的运营情况，弥补了传统分类方法过于简单粗略的缺点，能够清晰地反映和比较各渠道营运资本的分布状况。

根据传统的营运资本划分方法，营运资本管理是指以经营活动现金流量控制为核心的一系列管理活动，主要管理对象为资产负债表上半部分的项目。科琳娜（2002）指出全面的营运资本管理包括三部分：收入管理（应收账款、订购程序、支付账单和收款）、供应链管理（存货和物流）和支出管理（购买和付款）。通过对营运资本管理的细化，强调了营运资本三个组成部分的行为将会给公司带来最佳效果。这一观点拓宽了营运资本管理对象的范畴，使其不再局限于资产负债表部分，而是囊括了公司经营的各个方面，将公司琐碎的日常经营管理纳入营运资本管理之中。

## 1.2.2 公司治理的概念界定

学术界对公司治理的研究可以追溯到 20 世纪 30 年代伯尔勒和米恩斯（1932）的研究，他们分析了美国公司的所有权与经营权分离现象后指出，公司所有权与经营权的分离，使得公司制度在经济生活中的地位愈发突出，公司管理层的决策权力愈发扩大，公司股东的地位愈发消极和被动，古典经济学提出的理论愈发不适用于实践。在股权分散的公司中，公司管理层经常滥用公司管理自由裁量权，为谋求自身利益而损害公司股东的利益，因此公司治理显得至关重要。近年来，如何改善和提高公司治理水平已经是最热门的话题之一，也成为学者们研究的焦点。由于公司治理研究领域的广泛性和涉及内容的丰富性，学者对于这一概念内涵的理解众说纷纭，关于公司治理概念的界定也莫衷一是，大体可以归纳为以下四类。

（1）强调公司治理的相互制衡作用

吴敬琏（1994）将公司治理定义为由公司所有者、董事会和高级管理人员三者共同组成的一种组织结构。在该结构中，所有者、董事会和管理层三者之间形成一定的相互制衡的关系，具体而言，所有者即公司的投资者将自己的资产交由董事会管理；而董事会作为公司的最高决策机构，通过签订委托代理契约将公司的日常运营交由高级管理人员，并拥有对其的奖惩和解雇权；高级管理人员则受雇于董事会，作为董事会重要决策的执行机构，在一定的授权范围内管理企业的经营活动。由此，公司成为一个有公司治理结构而非个人来经营和管理的主体。就公司治理结构来说，由于股东、股东大会、董事会以及高层管理层之间存在着较为复杂且相互勾连的关系，为了完善公司治理体系，需要对股东、董事会和管理人员的权力、责任和利益进行明确合理的划分，以便于在三者之间形成有效的制衡关系。

迈尔（1987）将公司视为服务和代表其投资者的一种组织安排。而公司治理则囊括一切从公司董事会到经理人员激励的内容，其产生的原因在于市场经济中现代股份有限公司的发展及其所带来的所有权和控制权相分离的状况。贾和亭等（1995）认为，法人治理结构中存在一种各机构既有分工又有衔接的相互制衡关系。具体来说，公司的发起人或创立者根据国家法律，建立法人机关，制定公司章程，进而确定公司的宗旨、营业方式和经营范围等；出资人或投资人通过股东大会行使相应的所有者权益；作为最高决策机构，董事会拥有对高级经理人员的聘用、解聘以及奖惩权；高级经理人员直接受雇于董事会，在一定的授权范围内，负责并参与公司的日常生产经营；其他的监督人员或机构则依据公司章程的规定与职权赋予，对董事会和高级经理人员的决策的合理性与是否执行了股东大会的决议等进行检查和监督，以保证股东权益不受侵害。因此，公司法人治理结构的要点与关键就在于对股东、董事会、经理人员和监督机构各自的权力、责任和利益进行明确划分，促使其形成相互制约相互协作的关系，进而保证公司的有效运作。

王峻岩（1999）认为，就公司治理的本质而言，它实际上就是一种科学的管理模式和一种现代企业的组织管理制度，是以股东权益和经济效益的持续化与最优化为目标的对公司资产进行有效管理和配置的组织机构。公司治理有着显著的特征：根据效率优先和权力分工的原则，通过职能划分使公司内部形成"两权分离、三足鼎立"的相互制衡的格局，即公司的所有权与经营权相互分离，建立公司的决策、执行和监督机构，三种机构之间相互独立、彼此制约同时又权责明确、互相配合，股东大会、监事会与董事会共同组成了公司的内部组织结构，以行使公司的决策、执行和监督等权利。

（2）强调企业所有权或企业所有者在公司治理中的主导作用

张维迎（1999）认为，从狭义角度来说，公司治理是指有关公司董事会的功能、结构、股东的权力等方面的制度安排，而就广义角度来说，公司治理是指有关公司控制权和剩余索取权分配的一整套法律、文化和制度性安排，这些制度性安排决定了公司的目标、实施控制的机构、控制方式以及风险和收益的分配等问题。因此，广义上的公司治理与企业所有权安排具有相同的含义，或者说公司治理只是企业所有权安排的具体化，反过来企业所有权是对公司治理的抽象概括。公司治理的目的在于解决公司内部存在的两个基本问题：一是激励问题，即在对公司业绩难以度量或难以客观评价的情况下，应当采取什么样的激励措施以激发企业所有参与人的积极性以提高企业的产出？二是对经营者选择问题，即当企业家能力难以有效判定时，应当采取何种机制以保证公司选择最有企业家能力的人员来当经理？

荣兆梓（1995）将公司治理的范围限定在仅涉及公司管理人员的层面。公司法人治理结构是对公司内部关系中的法人财产制度的具体化，从广义上来说，它不仅涉及企业所有者与经营者以及员工的关系，而且涉及企业的所有组织制度、激励制度、管理制度和约束制度等，但就一般意义而言，企业的管理问题即以管理当局为主体的企业管理层对全体员工的监督、指挥和控制不是公司治理要讨论的主要内容。原因在于公司法人治理结构的核心是所有者与经营者之间的关系，是一个包括法人意识、执行法人业务的且建构于企业组织顶层的复杂而完整的机构体系，它是对传统企业中既从事对外经营又掌管对内管理等全套职能的单个资本家的替代物，是公司法人依据法律而塑造的其赖以依附的机构实体。

何玉长（1997）认为产权结构在公司治理中有着重要的基础地位，"三会四权"既是公司的产权结构，又是公司治理，这两者的关系可以解释为：首先，产权结构是治理结构的基础。因为正是先有了股东会的出资者所有权，所以才会有其最终控制权；而董事会拥有了法人财产权，其进一步才拥有了经营决策权；对经理人而言，其先拥有了法人代理权，然后才有了经营指挥权；监事会正是由于拥有出资者监督权，才会实施其监督职权。只有基于这种特定的产权结构，公司治理才能够发挥正常作用。其次，治理结构是产权结构的实现形式。因为只有当公司治理结构能够发挥其作用时，"三会四权"等产权结构才能得以正常发挥功能，其各项权能才算真正发挥其应有的效用。

李健（1999）在对上海申华实业股份有限公司大股东深圳君安投资发展股份有限公司状告申华实业的事件即所谓的"君申之争"进行研究时，认为这是中国上市公司大股东和机构投资者积极参与公司治理的一起典型事例，而且引起了人们对公司治理的新的思考。"君申之争"的关键问题在于双方对董事会控制权的争夺。这一案例一方面反映了目前董事会正日益成为公司治理的主角，权力和责任正逐渐加重；另一方面在两者的争执中暴露出的问题对完善中国《公司法》提供了重要的参考与挑战，例如，如何在立法中均衡大小股东在董事会的权利与利益制衡关系、如何进一步规范公司治理等问题。"君申之争"给我们的重要启示在于，公司应通过立法手段建立健全对公司实际控制者的监督机制，一方面要给董事会和经理人员足够的权力，另一方面又要对董事会和经理人员滥用权力的行为进行有效约束，只有这样才能使广大投资者和公司的利益得到保障。

（3）强调利益相关者在公司治理中的权益要受保护

杨瑞龙（1999）认为，在国有企业即政府扮演企业所有者角色的情况下，如果沿着"股东至上主义"的逻辑进行推演，那么改制后的国有企业就形成了有别于"内部人控制"的"行政干预下的经营者控制型"公司治理结构。但是这种治理结构容易导致国有企业改革陷入困境：一是由于政府追求目标的多元化，政府对企业的所有权约束如果严格实施，则会陷入政府干预过多的状况，而如果不严格执行则容易失去对企业的控制；二是信息不对称，经营者凭借其对企业经营状况的了解在谈判中处于有利地位；三是存在行使监督权的政府官员与经营者合谋侵蚀国有资产的可能性；四是职工和小股东的监督权难以有效行使，其利益容易受到大股东的损害。为克服这些难题，需要对企业治理结构进行创新，而变革的核心在于扬弃"股东至上主义"的逻辑，遵循既顺应历史潮流又符合中国国情的"共同治理"逻辑。这一逻辑强调，企业在重视股东权益的同时还要重视其他利益相关者对经营者的监控；既强调经营者的权威，又关注其他利益相关者的实际参与。具体来说，就是在监事会和董事会中选取一定数量的除股东以外的其他利益相关者的代表，如债权人代表和职工代表等。这种共同治理逻辑更加符合现代市场经济的内在要求。

卢昌崇（1994）认为，"股东利益至高无上"或者是"股东收益最大化"的公司理论在西方国家早已是明日黄花，而我们在对社会主义市场经济进行创新的过程中仍然因循守旧拘泥此道，无异于邯郸学步，是对企业形态进化过程中协调各权益主体关系的历史倒退。因此，他主张应当由职工代表大会推举职工代表直接进入董事会，同时以法律形式对这一制度进行确认，最终建立起一种经营者、职工与股东物质利益趋同的机制。

（4）强调市场机制在公司治理中的决定性作用

林毅夫等（1997）认为，公司治理是指所有者对经营管理和绩效进行监督和控制的一整套制度安排。其最基本的成分就是通过市场竞争所实现的外部治理或间接控制，而人们通常所定义的公司治理，实际上指的是公司的内部治理结构或直接控制。他们认为内部治理结构虽然是必要且重要的，但与一个充分竞争的市场机制相比，它只是外部竞争机制所派生的制度安排，其目的在于借助各种可用的制度安排和组织形态，最大限度地减少造成信息不对称的可能性，以保护所有者利益。

综上所述，不同学者由于分析角度的不同对公司治理的定义和职能有着不同的表述，研究也各有侧重，但其所表达的含义大致相同。通过对已有研究观点的梳理，本书对公司治理的理解与概括从以下四个方面展开：（1）公司治理的产生基础源于经营权与所有权的相互分离；（2）从实质上来说，公司治理是一种基于契约合同的委托代理关系，是一种契约性的制度安排；（3）从公司治理的内容来看，公司治理主要包括股东治理、经营者治理、委托代理和法人治理，具体治理机构包括公司股东大会、董事会、高管层等；（4）公司治理的核心是对公司控制权和剩余索取权的合理分配，是对公司各利益主体进行协调的一整套内部权力分配和制衡的机制，其目的在于实现公司效率和价值的最大化。

# 1.3　研究思路和研究方法

## 1.3.1　研究思路

随着资本经营的崛起，营运资本作为公司短期财务决策的核心，其管理重心已经从早期仅关注资金的流量和存量、资金的短期筹措与使用的资金管理转向基于业务活动的运营管理（李心合，2013）。为保障营运资本在公司供应、生产、销售环节的有效衔接和公司正常运营周转，首先需要合理地确定营运资本规模。保持适量的营运资本规模，不仅可以保证企业具有良好的流动性，保障公司良好的偿债能力，降低公司经营中潜在的资金断裂风险，同时有利于公司在面临资金紧张或重大资金使用需求时，能够及时从外部获取所需资金。同时，对营运资本的管理也有利于公司提高营运资本使用效率，降低持有成本，从而实现提升公司盈利能力的目标。因此，对营运资本的规模进行合理调整是企业对营运资本进行有效管理并保障企业正常运转的前提。本书围绕目标营运资本这一主题，首先证明了公司的营运资本存在一个最优目标，需要通过营运资本的动态调整避免当营运资本持有过度时造成的资金持有成本增加和当持有不足时对公司资金的流动性造成威胁。同时，本书验证了公司的营运资本并非是静态的一成不变的，而是随着公司内外部环境的变化而趋向其目标不断调整，简言之，营运资本相对其目标在多期观察窗口下呈现出"偏离—趋近—再偏离—再趋近"的循环往复的动态调整过程。本书选取营运资本的调整速度作为对其动态调整过程的观测指标，以反映该调整过程的快慢，同时选取营运资本的偏离程度作为前期调整过程在当期时点上具体调整结果的呈现。本书通过综合考察营运资本的调整速度和偏离程度，结合调整过程与调整结果，能够全面反映营运资本动态调整的全貌。

从调整动因的角度来看，营运资本的动态调整是公司应对内外部经营环境变化的权变之举，一方面反映了环境变化对其造成的客观影响，另一方面也反映了管理者优化资源配置的主观努力。公司治理通过对公司与各利益相关者之间的利益关系的协调，保障了公司决策的科学性（李维安，2011）。因此，公司治理对营运资本的动态调整过程起到重要的调节作用。据此，本书全面考察了公司治理对营运资本调整速度与偏离程度的影响，以期综合反映公司治理机制对营运资本动态调整的影响与作用机理。

本书具体的内容结构安排如下：

第 1 章绪论。

本章首先阐明本书的选题背景与研究意义；其次，界定营运资本及公司治理等相关概念；再次，分别介绍本书的研究思路、研究方法；最后，阐明本书的研究贡献和创新之处。

第 2 章文献综述。

本章主要围绕三个主题进行综述：一是回顾和梳理营运资本的相关研究，主要包括营运资本的影响因素、目标营运资本和营运资本的动态调整；二是梳理总结公司治理的相关文献，具体从公司治理的产生动因、历史沿革与主要内容三个角度展开；三是回顾和梳理公司治理对营运资本影响的相关研究。通过文献综述，一方面可以明晰营运资本领域的研究现状、研究热点及目前研究的不足之处，明确本书的研究方向和可能的创新点；另一方面，通过文献回顾和梳理，明确营运资本及公司治理领域的实证方法、相关变量度量等内容，为后续章节的实证研究奠定坚实的基础。

第 3 章理论基础。

本章回顾和分析了权衡理论、委托代理理论和权变理论解决的主要问题、基本思想和发展状况，并在此基础上进一步分析上述理论对营运资本动态调整的影响，从而为本书后续分析营运资本动态调整及公司治理对营运资本动态调整的作用机理奠定理论基础。

第4章目标营运资本存在性的实证检验。

本章选取了2000～2015年沪深两市A股制造业上市公司作为研究样本，借助均值回归模型、目标营运资本估计模型和局部调整模型，验证目标营运资本与营运资本动态调整的存在性。为本书后续对营运资本动态调整过程和调整结果的研究奠定基础。

第5章公司治理与营运资本调整速度的实证研究。

依据本书第3章的理论，承接第4章的研究思路，本章结合前文对公司治理的界定和维度划分，从股权结构、董事会治理和高管层治理三个方面，以营运资本动态调整过程中的调整速度为研究对象，全面考察公司治理对营运资本调整速度的影响，从而反映公司治理机制在营运资本管理上的作用机理。研究样本同本书第4章保持一致，实证检验则借助系统GMM方法对动态调整模型进行回归分析，同时在稳健性检验中采用营运资本的替代性指标进行检验，以保证结论的可靠性。

第6章公司治理与营运资本偏离程度的实证研究。

依据本书第3章的理论，承接第5章的研究思路，在研究了公司治理对营运资本调整速度的影响之后，进一步分析公司治理对营运资本偏离程度的影响。本章选取2000～2015年沪深两市A股制造业上市公司作为研究样本，通过拟合目标营运资本，计算各年度营运资本的偏离程度，然后借助OLS回归模型，考察公司治理对营运资本偏离程度的影响。

第7章研究结论、政策建议及研究展望。

本章将根据理论分析和实证检验的结果概括本书的研究结论。并在此基础上，提出相应的政策建议。最后指出本研究的不足之处以及未来的研究方向。

本书的整体研究路线如图1.1所示。

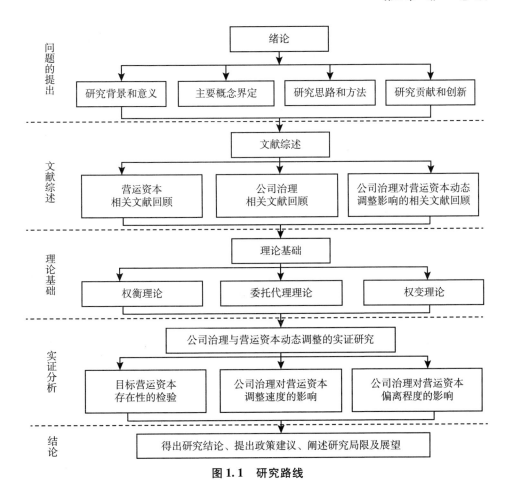

图 1.1　研究路线

## 1.3.2　研究方法

本书采用规范研究与实证研究相结合的方法，通过规范的理论研究，解释现有财务实务，再借助实证研究方法对理论逻辑进行验证，两种方法相得益彰，既从财务学的角度阐明了公司治理与营运资本动态调整之间的逻辑关系，又补充了规范研究方法的不足，从理论和实证不同的角度来论证本书的基本观点。

（1）规范研究

本书运用规范研究方法，首先以时间或地域为线索归纳已有研究。并按照本书的逻辑顺序，梳理、总结和评述国内外相关文献，定位研究主题以及相应的科学研究方法。其次，在理论分析部分，以权衡理论为切入点，分析公司营运资本是否存在一定的合理目标区间，同时分析在较长的观察窗口期内，公司的营运资本是否围绕目标值进行调整；接着通过对委托代理理论的梳理，分析公司治理对财务决策的影响，判断其对营运资本动态调整的可能作用方式。最后从权变理论出发，分析公司治理在应对外部环境变化的过程中对营运资本动态调整的影响。借助文献回顾与理论分析，为本书后续实证研究打下坚实的基础。

（2）实证研究

本书以 2000~2015 年中国制造业上市公司为研究样本，综合运用描述性统计分析、相关系数分析、面板数据回归分析等多种方法对样本数据进行了实证检验。在回归分析中，首先对变量的共线性、相关性进行检验，避免变量选择偏差。其次根据样本数据的自相关性和异质性，选择适当的回归方法，同时用其他较为常用的回归方法进行对比分析，如普通最小二乘法、混合最小二乘法、固定效应模型以及广义矩估计（GMM）等。最后为了保证实证研究结论的稳健性，本书对主要变量和回归方法进行了替换，考察实证结论是否发生显著变化，更加增强了结论的说服力。

# 1.4  研究贡献和创新

本书在国内外现有研究成果的基础上，结合中国上市公司的实际经营情况，首先验证了目标营运资本以及营运资本动态调整行为的存在，然后分别从公司治理的三个维度分析了其对营运资本动态调整的过程（调整速度）和动态调整的结果（偏离程度）的影响。与已有研究相比，本书主要有如下研究贡献和创新点。

（1）丰富了营运资本的研究内容

有关营运资本的动态调整无论是国内还是国外都鲜有研究，目前国内外的研究大多以静态的视角探讨营运资本（如营运资本的管理效率和管理策略），仅有的关于动态调整的研究也只关注了营运资本的调整过程，缺乏对调整结果的进一步分析。调整速度是对营运资本动态调整过程状况的描述，而偏离程度则反映了前期调整过程在本期时点上的具体结果。本书结合营运资本的调整速度和偏离程度，综合考量了营运资本动态调整，丰富了对营运资本的研究。

（2）拓展了营运资本的研究视角

作为协调公司内部各参与方利益的一种制度安排，公司治理对企业的财务管理行为有着重要且深远的影响。已有研究仅仅关注了宏观经济波动、融资约束对营运资本动态调整的影响，缺少从公司层面的研究。本书以公司治理为视角，选取公司治理的三个维度，对营运资本开展研究，一方面有利于加深对营运资本动态调整行为的理解，另一方面也有利于对公司治理在公司财务决策中所发挥影响的深入认识。

（3）将多种计量方法用于营运资本动态调整的研究

现有关于目标营运资本的研究大多从营运资本与企业业绩之间的关系入手，以静态的视角探讨两者的非线性关系，以此证明最优营运资本的存在性。这种研究方法的优点在于方法简单且易于理解，但缺点是该方法将公司的财务管理行为视为静态的一次性的决策，缺乏对连续多期视角下营运资本变动及其调整行为的研究。本书对此进行了改进，以一个动态的视角探讨目标营运资本的存在性。在实证研究中，本书首先借助欧普勒等（1999）的一阶自回归模型，对企业的营运资本"回复均值"现象进行验证，初步证明目标营运资本的存在性；然后，构建营运资本的局部调整模型（拜恩，2008；巴尼奥斯等，2010），通过检验该局部调整模型是否成立，证明企业内部的营运资本运动并非随机的杂乱无章的波动，也非系统性机械式的循环往复运动，而是围绕一定的目标区间不断主动趋近的动态调整过程，从而进一步验证目标营运资本以及营运资本动态调整行为的存在性。在具体回归方法的选择上，本书主要借助系统 GMM 方法对动态调整模型进行回归，同时利用混合效应模型（Pooled OLS）、固定效应模型（FE）和修正的最小二乘虚拟变量法（LSDVC）进行对比检验，以保证结论的稳健性。

# 第 2 章

# 文献综述

　　本章围绕研究的主题对相关领域的研究状况和现有研究成果进行全面细致的梳理总结，以期通过横向的国内外研究对比与纵向的研究历程对比，指出现有研究的不足之处，为本书的研究做出方向性指导，同时为本书后续研究的展开奠定基础。本章第一节首先对国内外对于营运资本领域的研究进行梳理，主要从营运资本的影响因素、目标营运资本和营运资本的动态调整三个角度入手；第二节对公司治理的相关文献进行总结，分别回顾公司治理的产生动因、历史沿革与主要内容；第三节对当前公司治理与营运资本动态调整的相关研究进行回顾；第四节为本章小结，在总结现有研究状况的基础上，指明其中存在的不足与未来可能的研究方向。

## 2.1　营运资本相关文献回顾

### 2.1.1　营运资本的影响因素研究

　　现有关于营运资本影响因素的研究较为成熟且成果丰富，总体而言，根据影响因素的来源可以将其分为外部因素和内部因素，外部因素主要包括经济波动、货币政策和行业特征等，内部因素则多从公司特征、内部治理等角度展开。

（1）营运资本的外部影响因素

公司的经营活动离不开一定的外部环境，环境因素的波动也必然经由各种渠道对公司的运营状况产生影响。现有关于公司营运资本的外部影响因素的研究主要从宏观经济波动、货币政策和行业特征等角度展开。

默维尔（1973）认为经济周期的不确定性是影响公司的营运资本的一个重要因素，同时不同行业或不同业务性质的公司应对宏观经济波动时所采用的营运资本策略也不尽相同。王冬梅和朱先朋（2013）以中小板上市公司江苏霞客环保色纺股份有限公司为例，分析其营运资本与宏观经济状况（GDP）、货币政策（M2/GDP）之间的关系，结果发现这两个因素都对公司的营运资本产生重要影响，进而影响到公司的净资产收益率。具体而言，宏观经济状况不仅能够从外部影响公司的市场需求，还能从内部影响公司的市场决策，从而影响公司营运资本。而货币发行量与营运资本之间存在显著的正相关关系，具体来说，当国家的货币政策较为宽松时，公司更易借助债务融资缓解偿债压力，此时公司多采用较为激进的财务决策，即减少营运资本同时提高资产负债率。于博（2013）认为在宽松的货币政策下，一方面由于市场的信贷供给充足，使得公司的融资约束状况得到缓解，从而提高公司的现金流水平；另一方面，宽松的货币环境有助于改善公司上下游资金链状况，通过降低库存与加快资金回收提升公司的现金流水平。而现金流水平的提高，会缓解公司的固定资产与营运资本之间的竞争程度，从而"平滑"公司的营运资本，提高其短期偿债能力。吴娜和孙宇（2013）认为货币政策对处于不同行业的公司的影响节点和程度存在差异，尤其对于需要不断扩大再生产的钢铁公司来说，其营运资本受到货币政策的影响更大。因此，他们选取了 2002～2011 年 73 家在沪深两市上市的钢铁行业公司作为样本，借助 GLS 模型实证检验了货币流量增速与公司营运资本之间的负相关关系。

基于行业因素对公司的营运资本进行的相关研究开展较早，古普塔（1969）通过将不同行业公司的一系列财务比率进行对比分析，发现不同行业间公司的营运资本存在显著的差异。同样，史密斯和赛尔（1978）针对美国不同行业的营运资本进行分析研究，发现行业间的营运资本持有水平差异性较大。肯尼斯和诺温（1981）选取 1971～1978 年的 1700 家公司作为研究样本，分析了一系列与营运资本相关的变量数据，并以此构建了包含 19 个变量的模型，研究表明营运资本在不同行业的公司之间差异显著。赫伯特、维斯切和韦恩劳布（1998）通过对 10 个不同行业在较长期限内的营运资本进行研究的基础上，也认为不同行业间公司的流动资产与流动负债持有政策存在显著差异，同时当公司持有的流动资产较少且周转较快时通常伴随着较为稳健的流动负债融资。王治安和吴娜（2007）以 2003～2005 年 12 个行业的 1055 间中国 A 股上市公司为样本，通过对不同行业间公司营运资本的 Kruskal - Wallis H 检验，得出营运资本存在非常显著的行业差异。具体表现为房地产业的营运资本水平远高于其他行业，而采掘业、批发零售贸易业、社会服务业等的营运资本水平则低于其他行业，建筑业、文化产业的营运资本水平与总体样本均值持平或略低。他们研究发现，营运资本在不同行业间表现出明显的差异性，这种差异普遍存在于不同的行业门类间，而不是由个别行业门类的异常值引发的。此外，在相同行业内营运资本保持较高的稳定性，由此造成行业间差异也具有一定的稳定性。姜阵剑等（2015）认为作为公司短期财务管理的重要内容，营运资本在不同行业存在显著差异，通过对不同行业间公司的营运资本运行特点的理论进行分析，能够为探明其内在机理提供更多方向性指引。

（2）营运资本的内部影响因素

营运资本作为公司的一项短期财务决策，其受到来自公司内部的影响因素较多，现有研究大多从公司特征、内部治理机制等角度展开。国外学者的相关研究开展较早，霍里根（1965）研究了公司规模与相关财务比率之间的关系，结果发现公司规模与短期流动比率以及长期负债比率呈负相关关系。

阿普哈米（2008）以泰国上市公司为研究样本，实证验证了资本性支出和经营性现金流量对营运资本的重大影响。纳齐尔和阿夫扎（2008）以 1998～2006 年巴基斯坦卡拉奇证券交易所的 204 家制造业上市公司为样本，实证检验了经营周期、财务杠杆、资产收益率和公司价值（托宾 Q 值）与营运资本的显著相关关系。

希尔等（2010）选取 1991～2006 年美国上市公司数据，实证检验了 8 种影响营运资本的因素。结果显示：第一，销售增长率与营运资本显著负相关，这与莫利纳和普雷韦（2008）得出的当公司达到计划的销售增长范围时会主动收紧信贷政策的结论一致，而且该负相关关系还表明前期的销售增长会为本期带来一定的宽裕资金，使得营运资本需求降低；第二，销售收入变动与营运资本呈显著负相关关系，原因在于销售收入变动代表公司外部需求的波动，公司为应对这种变化会通过激进的营运资本持有策略进行调整，将营运资本持有水平保持低位；第三，经营性现金流量对营运资本有显著的正向作用，这与洛夫等（2010）的结论一致，说明经营性现金流量较大的公司更加偏好稳健的营运资本持有策略，通过持有较多的存货和应收账款增加销售收入；第四，公司的市账比（市值/总资产账面价值）与营运资本呈显著负相关关系，原因在于一方面市账比可以衡量公司与资本市场的信息不对称程度，当公司面临严重的信息不对称时，其外部融资成本较高，因而更倾向保持较高的营运资本以缓解资金短期问题，另一方面高市账比的公司一般投资机会较多，通常情况下公司会通过减少营运资本，以抽调资金投入盈利性高的项目中，从而使得营运资本持有水平较低；第五，公司规模与营运资本显著正相关，该结论与彼得森和拉扬（1997）的研究一致，表明相对大公司而言小公司的营运资本来源有限，而且更易对其进行密切管理；而且，公司财务困境对营运资本存在显著的负向作用，原因在于处于财务困境的公司缺乏融资渠道和现金生产能力，因此通常会削减营运资本投入；第六，其他因素如产品毛利率、市场占有率则与营运资本的关系并不显著。

此外，巴尼奥斯等（2010）以4076家西班牙中小企业为样本，检验了经营活动现金流量、财务杠杆、成长机会、公司规模、公司年龄、固定资产占比、资产收益率与营运资本的关系，结果表明经营性现金流量、财务杠杆、总资产增长率、固定资产占比和资产收益率越高，公司的营运资本持有水平越低，而年龄较大的公司则倾向于持有更多的营运资本，公司规模与营运资本的关系则不显著。阿格耶等（2013）利用加纳银行数据实证验证了营运资本与现金比率、负债率、公司存款客户集中度之间的负向关系，以及其与公司规模、公司年龄之间的正向关系。穆罕默德（2015）以2004～2009年在巴基斯坦卡拉奇证券交易所上市的非金融类公司为样本，验证了总资产收益率、财务杠杆比率和公司规模对营运资本持有水平的负向影响。

国内关于营运资本影响因素的研究较多借鉴西方的研究成果，研究领域更为广泛，不仅包括公司特征层面的研究，还包括公司生命周期、高管背景特征等方面的切入。王治安和吴娜（2007）在对造成公司营运资本存在行业差异的因素的分析中，通过建立固定效应模型借助 GLS 估计方法，对 10 项影响因素进行了实证检验。结果发现：第一，公司的成长性对营运资本的行业差异存在显著影响，而且在大多数行业中呈现出与营运资本的负相关关系，而其他行业数据之所以未能支持该结论，可能的原因在于不同行业的成长性差异较大且并不稳定，导致其对营运资本的影响力度和方向存在差异。第二，经营活动现金流量与营运资本的负相关关系得到了全部行业的数据验证，说明公司的经营活动现金流量对中国上市公司的营运资本持有具有重要的影响。第三，根据啄食顺序理论（梅尔斯，1984），公司对短期债务的融资顺序为内部融资—债务融资—股权融资，有效的营运资本管理可以帮助公司减少外部融资需求，进而控制资金短缺风险，因此公司的资产负债率水平应当与营运资本持有水平呈负相关关系。但是对不同行业的实证分析表明中国上市公司的营运资本与其资产负债率呈现出两种截然相反且显著的关系，即同时存在正相关和负相关关系。可能的原因在于在国有控股上市公司中，国有股东一般处于绝对控股地位，而公众投资者持股较为分散导致其无法及时有效地参与公司决策，在这种差异性较大的股权结构下，大股东更愿意使用股权融资以获取额外的收益增长，因此中国上市公司相对于西方公司更偏好于股权融资，且债务融资水平较低。而负债率较高的上市公司通常业绩较差或濒临破产，这类公司的营运资本管理效率差，资金短缺严重，由此造成了公司负债率与营运资本持有水平的正相关关系。第四，应收账款和存货周转率与营运资本之间的负相关关系以及应付账款周转率与营运资本的正相关关系基本上都得到了实证支持，说明公司较强的资产运营能力能够有效降低营运资本持有。第五，其他诸如公司规模、公司业绩、固定资产占比等因素与营运资本的关系有正有负，且在不同行业中难以保持一致。他们认为中国上市公司营运资本的影响因素与西方研究结论存在一定的偏差，部分因素在不同行业之间的影响程度和方向也不一致，需要进一步强化公司营运资本的管理理念与管理行为。

邱和程（2006）选取中国台湾 1996～2004 年 35 个季度的 19180 个面板数据作为研究样本，实证检验了营运资本与债务比率、增长率、经营活动现金流量、公司业绩和公司规模等变量之间的关系，结果显示公司的资产负债率、经营性现金流量与营运资本显著负相关，而其他因素对营运资本的影响则不显著。

刘怀义（2010）通过对 2005～2009 年 64 家零售业 A 股上市公司的财务数据进行实证分析，发现零售业上市公司的平均营运资本在 5 年内的观察期均为负值，即零售业公司总体上并未对公司运营投入长期资金，取而代之的是利用短期融资弥补运营资金短缺。从营运资本的构成来看，流动资产占总资产的比例约为 50%，流动负债占总负债的比例在 5 年内一直处于 90% 以上的高位。在对营运资本影响因素的实证分析中，发现销售收入波动、资产负债率以及公司的议价能力对零售业公司的营运资本持有水平有显著的负向作用，经营活动现金流量、市净率、公司规模则对营运资本持有水平产生显著的正向作用，产品获利能力与营运资本之间关系并不显著。

寻小涛（2010）则从公司生命周期的角度对公司在各阶段应当采取的营运资本持有策略进行了分析。他认为处于初创期的公司一般具有生产规模较小、盈利能力低、公司形象尚未树立等特点，其外部融资渠道有限，现金流出远高于流入，而且缺乏系统的信用管理机制以争取潜在客户群。此时为保证自身的生存，公司需要保持较高的流动资产水平和较低的流动负债水平。当公司处于成长期时，技术和管理水平提高、产品种类基本稳定、资源相对更加充足，此时公司的经营风险降低而财务风险逐渐增大，公司需要将注意力转向对营运资本周转效率上，维持低水平的流动资产水平。而且得益于较高速度的增长前景，公司一般能够从银行和供应商等处获得较为充足的外部融资，因此其流动负债水平相应处于高位，总而言之成长期的公司通常伴随较低的营运资本持有水平。而当公司从成长期进入成熟期时，其经营管理能力、信用管理系统日益成熟，应收账款和存货的周转效率较高，因此公司更偏向于维持较低的流动资产水平。此时公司外部融资渠道较为便利，但是由于中国资本市场的股权融资成本低于债务融资成本，因此公司倾向于通过股权融资解决资金短缺问题，相对应的其流动负债持有水平较低。进入衰退期的公司，通常已经丧失原有的市场份额，缺少新的利润增长点，管理效率和外部融资能力因此降低，为了维持正常生产经营和扩大销售收入，公司会利用更大的商业信用授权与债务融资，表现为营运资本的持有策略上的高流动资产和高流动负债。

张敦力等（2012）以2009～2011年在中国沪深两市上市的64家纺织服装业公司为样本，结合公司年报中披露的高管信息，考察了高管背景特征与公司营运资本之间的关系。他们认为，根据高管梯队理论（汉布里克和梅森，1984），上市公司高管团队成员的诸如洞察力、认知基础和价值观等特质会对组织的战略选择和组织绩效产生影响，从而影响公司的短期财务决策。实证结果表明高管团队的平均受教育水平越高，营运资本持有水平就越高，而当高管团队中男性成员比例越高、高管年龄越大，营运资本持有水平越低。此外，高管团队的规模、高管任职时间与营运资本均无显著关系，可能的原因在于高管规模受到高管个人特质、公司治理结构的影响，而长时间的高管任职期限使得高管与公司利益绑定更加紧密，根据其对公司相关风险的深入认识更倾向于持有较多的营运资本以保证公司的长期生存。

## 2.1.2 目标营运资本的相关研究

（1）目标营运资本的存在原因

目标营运资本是否存在是营运资本研究领域值得探讨的问题。目标营运资本水平是指企业在一定的条件下，通过平衡营运资本的周转能力和流动性，使其达到最优的配置状态，最终实现企业价值最大化所达到的营运资本持有水平。营运资本的管理水平对企业的盈利能力、风险以及价值有着重要的影响。企业应当保持何种程度的营运资本才是最优的呢？要解决这一问题首先应当厘清营运资本与公司盈利能力的关系。

① 风险和收益的权衡。

从营运资本的盈利性和流动性角度分析，一方面，营运资本的盈利能力差，因此减少营运资本的持有可以提高企业的盈利能力。另一方面，营运资本的流动性高，因此保持一定的营运资本可以降低企业的财务风险。

王（2002）在研究中发现，净资产收益率与现金周期呈负相关关系。这一结论被其他学者用不同的样本和盈利能力度量指标验证了无数次，均得到了相同的结果。此外，德洛夫（2003）以 1009 家比利时公司为样本，发现净利润与应收账款和存货数量之间、盈利能力与应付账款周转期之间均存在显著的负相关关系，法洛普和阿基洛尔（2009）通过对尼日利亚公司面板数据的分析，支持了德洛夫（2003）的结论。加西亚和索拉诺（2007）以西班牙 8872 家中小企业为样本发现了总资产收益率与应收账款和存货数量之间的负相关关系，但同时他们发现应付周转期与盈利能力间没有显著的关系。而马图瓦（2009）却认为应付周转期与盈利能力间存在显著的正相关关系，他还指出，盈利能力与存货周转期之间存在正相关关系，这与德洛夫（2003）的结论完全相反。随着经济的不断发展，营运资本的理念不断更新，对其进行管理的重点发生转变。国内学者吴世农和吴育辉（2008）认为，现代营运资本管理的重点在于保证企业的现金储备满足其日常生产经营的需求，公司应当尽量提高占用在应收账款和存货上的资金的使用效率，同时适当延长应付账款的支付时间，以便于企业更加充分地利用这些相对廉价的资金以提高企业的经营业绩。

② 成本和收益的权衡。

虽然持有较低的营运资本可以提高企业的盈利能力，并有学者提出"零营运资本"的概念，但是从理论上说由于营运资本是保证企业生产需要的资金，所以保持一定的营运资本会有利于企业生产经营活动的顺利开展，长远来看有利于企业的发展带来收益增长。具体来说，有如下几点原因：

首先，保持一定的库存量可以预防因产品不足导致的生产中断和业务损失（毕林德和马奇尼，1991），既有助于企业为客户提供更好的服务，又避免了因大幅度的需求波动而产生的高额生产成本（希夫和利伯，1974）。毕林德（1991）、彼得森（1993）和格鲁恩（2004）等研究发现，额外的营运资本储备能够提升公司价值，尤其是对于营运资本持有水平较低的公司。原因在于营运资本的增加可以促进销售收入和利得的增长，而且一定程度的存货储备可以减少供给成本，降低缺货成本，减少价格波动产生的影响。

其次，信用交易使买家在支付之前验证产品和服务质量，减少了买方和卖方之间的信息不对称，从而刺激了销售（史密斯，1987；隆等，1993；李和斯托，1993）。布伦南等（1988）、隆等（1993）、萨默斯和威尔逊（2002）等研究发现，公司向客户提供商业信用会提高自身的销售收入，因为商业信用不仅为客户提供了一定的价格折扣，而且体现了公司对产品质量的保证，有利于稳固公司与客户之间的长期合作关系。

最后，从应付账款的角度来看，当企业降低其供应商融资时，可能会因提前还款而获得重要的折扣（威尔纳，2000）。毕林德和马奇尼（1991）、法扎里和彼得森（1993）、科斯滕和格鲁恩（2004）基于上述几点原因，从收益角度分析认为，保持一定合理水平的营运资本能够增加收益、提高企业的经营业绩。

③ 营运资本的管理策略。

从营运资本的管理策略角度来看，企业营运资本的管理策略大体上可以分为激进型、保守型和中庸型三种类型，分别代表企业持有较低、较高和中等的营运资本。刘运国等（2001）的实证研究表明，我国大多数企业处于中庸型，这说明对营运资本的持有应保持在一个合理的水平，而非过高或者过低地持有营运资本。

韦恩劳布和维斯切（1998）以制造业、服务业、零售业等10个行业的216家企业为研究样本，对各企业的营运资本管理状况进行了实证分析，从而揭开了保守与激进营运资本管理策略的研究序幕。袁卫秋（2012）的研究发现，营运资本管理策略的激进度与公司绩效之间呈现显著的负相关关系，即当公司采取较为激进的营运资本管理策略时，企业的经营业绩通常较差。刘运国和周长青等（2001）则将营运资本的管理策略分为稳健型、中庸型以及激进型三种类型。他们以中国1997年沪深上市公司年报数据为研究样本，采用聚类分析法对营运资本的管理策略进行实证研究，发现中国上市公司大多采取的是中庸型的营运资本管理策略，且企业的收益能力与营运资本的管理策略之间有着十分紧密的联系，其中最能体现管理策略成效的收益指标是总资产主营业务利润率。

现有国内外文献对企业营运资本管理策略的研究多处于定性研究阶段，定量分析的成果不多，其中学者们又多关注于营运资本的周转率与企业绩效的关系研究。如汪平（2007）以 1995～2004 年中国制造业上市公司为研究样本，对公司营运资本的管理策略及其与企业绩效的关系进行了实证检验，为零营运资本策略提供了强有力的经验支撑，后续的研究还包括孔宁宁（2009）以中国制造业 2004～2009 年上市公司数据为样本的研究。王治安和吴娜（2007）以中国 2003～2005 年沪深两市的 A 股上市公司作为研究对象，借助非参数检验和固定效应模型对上市公司的营运资本管理策略进行了实证检验，研究发现不同行业之间上市公司的营运资本管理策略具有显著的差异，而且这种行业间差异不是由个别行业的独有特征差异引起的，而是普遍存在于各行业之间的。同样，吴娜和韩传模（2010）对 18 个不同行业的中国沪深两市上市公司的营运资本管理策略的激进程度进行了考察，研究发现不同行业间公司的融资和投资的激进程度普遍存在显著差异，并且公司的营运资本管理策略保持着一定的稳定性，并未随时间推移出现频繁变动。此外，刘怀义（2010）实证研究了零售企业的营运资本管理策略的影响因素。李洁（2011）则以中小企业为研究样本，分析企业的营运资本管理效率对其经营业绩的影响。

企业的营运资本管理策略对企业的业绩有着重要的影响，对营运资本进行管理不存在一成不变的激进型、稳健型或者中庸型。这些策略的存在是因为企业在面对盈利与风险时需要采取不同的应对策略，在同一企业的不同时期或者不同企业的同一时期，企业会变换其营运资本的管理策略，在激进、稳健或者中庸间进行选择，这就需要动态调整。

（2）目标营运资本的实证研究

根据权衡理论的分析，营运资本持有水平的高低会对企业业绩分别产生积极和消极的影响，因此企业存在一个最优的营运资本，即目标营运资本，使得企业的业绩达到最优。且这一推论得到了学者的研究支持，巴尼奥斯（2012）以西班牙中小企业为样本，证明了现金周转期和经营业绩之间存在倒 "U" 型关系。在此基础上，巴尼奥斯（2014）证明了现金周转期和企业价值之间存在倒"U"型关系。他的这一结论逐渐被大部分营运资本研究领域的学者所认可。巴尼奥斯的这两篇文章为营运资本的研究掀开了新的篇章，是对目标营运资本存在性的有力的经验支持。其研究证明了营运资本与企业绩效或企业价值间存在倒"U"型关系，也就意味着企业在日常经营中存在一定的目标营运资本能够使其价值最大化。此外，其他学者们对目标营运资本的研究也取得了一定的成果。如李和吴（1988）、贝利和施内勒尔（1989）认为，公司的流动资产项目存在一定的目标以使公司业绩最大化，并且借助局部调整模型对包含流动资产项目的财务比率的经济后果进行了具体分析，结果表明财务比率的动态调整对激发公司管理积极性或应对产品市场的持续变化非常重要。阿克塔斯等（2015）通过对1982～2011年的美国企业样本的实证研究证明了目标营运资本的存在，即公司存在最优营运资本以平衡成本和收益，而且发现企业会向目标营运资本进行主动调整以提高企业业绩。

与外国学者相比，我国学者对于目标营运资本存在性的实证研究稍显不足。连玉君、彭方平和苏治（2010）的研究认为，公司在日常经营中会主动维持一定的目标流动资产持有比例，并在实际比例偏离目标时会积极地进行调整。申仕阳（2007）利用层次分析法对流动资产中的各项目之间的配比关系进行了研究，为企业合理配置流动资产并优化其结构提供了经验依据。周文琴等（2007）以涉及七个行业的上市中小企业为样本，综合利用流动比率、流动资产比例、流动资产与主营业务收入比例、流动负债比例、企业营业周期等财务指标，对营运资本的管理状况进行了实证分析，进而得出七个行业中小企业营运资本各指标的参照标准。同时，他们还针对不同行业分别提出了不同的营运资本优化策略，为同类企业结合自身经营需求科学合理地确定营运资本持有水平、提高经营业绩提供了较为可靠的经验指导。吴娜（2013）进行了目标营运资本存在的机理分析，但并未通过实证的方法验证这一机理。不难看出，国内学者与目标营运资本相关的研究较多，但运用实证研究方法对目标营运资本进行检验的文献较少。因此，目标营运资本研究是国内学者有待加强和完善的领域。

### 2.1.3 营运资本的动态调整研究

近年来，营运资本领域一个明显的发展趋势是将营运资本决策动态化，即研究企业营运资本的动态调整问题。巴尼奥斯（2010）认为企业会通过有效的营运资本管理使其营运资本逐渐接近目标值，这一过程就是企业营运资本动态调整的过程。营运资本的动态调整主要包括两个部分：其一是调整速度，其二是偏离程度。

营运资本的调整速度反映公司对资产的周转运营能力。到目前为止，各国学者们对营运资本调整速度的研究主要集中于现金周期和营运资本的调整速度。汉普顿·海格（1976）在《现金管理和现金周期》一文中首次提出了"现金周期"概念，并将现金周期定义为公司从支付货款到投入生产再到最终售出产品的整个现金循环的时间间隔。他认为现金周期（CCC）较短的公司通常其运营效率更高，此外他还提出了改进现金管理以及缩短现金周期的相应措施。随后劳克林（1980）进一步具体界定了现金周期的计算方式：现金周期 = 应收账款周转期 + 存货周转期 - 应付账款周转期，此后的学者多沿用这一概念。巴尼奥斯（2010）以 4076 家西班牙中小企业为样本，实证检验了企业存在目标现金周期。巴尼奥斯（2014）同样以西班牙中小企业为研究样本，证明了现金周期与企业价值之间存在倒"U"型关系，从而支持了企业的现金周期存在目标值且现金周期会向目标值调整这一论断。巴尼奥斯（2014）还分析了融资约束对企业现金周期调整速度的影响。吴娜（2013）通过对 2000 ~ 2011 年在中国沪深两市上市的全部制造业公司的营运资本动态协同选择进行分析，研究了宏观层面的经济周期和微观层面的融资约束两个因素对公司营运资本调整速度的影响，实证回归结果发现经济周期与公司营运资本的调整速度呈现显著的负相关关系，而融资约束会加速营运资本的调整。阿克塔斯等（2015）通过对 1982 ~ 2011 年的美国公司样本的实证研究，发现公司的营运资本持有与业绩之间呈非线性关系，并且通过进一步的实证研究证明了目标营运资本的存在，而且公司会向目标营运资本进行调整以提高公司业绩。营运资本与目标值的偏离可以分为向上偏离和向下偏离两种情况，分别表示企业的营运资本投资过度和投资不足，投资过度通常伴随着较低的资金使用效率，投资不足则可能导致潜在的财务风险。营运资本的调整速度是过程的展现，偏离程度是调整速度的结果体现。

# 2.2　公司治理相关文献回顾

## 2.2.1　公司治理的动因

哈特（1995）基于不完全契约理论，分析了导致公司治理产生的可能原因，他认为在假设的完美的标准的委托代理模型中，签订一份完全契约不会产生任何费用，但是由于现实中企业存在一定的委托代理问题，使得两者间的交易成本太大并且无法通过契约解决，因此公司治理就随着代理问题的存在而产生了。即在现实中契约并不完全的情况下，委托代理问题会一直稳定存在，此时就会产生公司治理问题；新古典理论将企业视为一个黑匣子，并且用生产函数 $Q = Q(L, K)$ 来近似表示，该理论的假设前提是一个完全契约的形成不会产生任何费用。但是现实的情况却是在契约的签订过程中会产生较大比例的费用，由于存在交易费用，使得所有当事人不可能去签订所谓的完全契约。也就是说当事人签订的契约都是处于不完全状况的，此时公司治理就对代理问题的解决起到了非常重要的作用。大量国内学者也对公司治理的动因展开了研究，结果发现：由于存在资金供应者无法按期收回本金的状况，新增投资的动力会逐渐削弱。在这种情况下即使有先进的理念和技术，由于缺少资金供应者的新增投资，受制于技术所有者有限的资金，社会进步也将相当有限（郑志刚，2007）。因此，为了扩大资金吸收能力以吸引外部投资，企业将被迫接受各种行之有效的公司治理机制以缓解代理问题和信息不对称问题。哈特（1995）以及国内学者的研究就是从不完备契约理论的角度，从理论层面对公司治理产生的原因进行了解析。委托代理理论与交易成本理论是现代公司理论重要的两大分支，其中委托代理理论偏重于对市场环境与公司之间关系的分析，而交易成本理论则注重对公司内部组织架构与各利益主体之间的委托代理关系的分析。这两大理论的相同点在于都比较强调契约精神，并且都将不完备性契约视作引发权责分配不均的最初原因，同时也是推动公司治理理论不断演进的催化剂。总而言之，非完全契约理论的快速发展，一方面挣脱了原有公司理论思维范式的束缚，为其他相关的观点或理论的发展奠定了理论基础；另一方面也为解决公司的实际问题提供了全新的分析视角，具体而言，非完全契约理论对于促进人们关于利益相关者的思考和研究做出了一定的贡献：在利益诉求或目标不完全相同且存在信息不对称等天然因素的情况下，公司各利益主体间的矛盾冲突稳定存在，此时简单地追求利润最大化会被协调或平衡各利益主体的利益诉求所取代，成为公司治理研究的必然趋势。

学术领域对公司治理问题的探究始于 20 世纪 30 年代，伯勒和米恩斯（1932）以美国公司的制度设计为研究对象，分析其中存在的所有权与经营权相互分离的现象。他们认为两权分离会导致公司制度在经济活动中的地位愈加凸显、公司管理人员的决策权不断扩大以及公司股东的地位变得较为消极和被动等结果。在此情况下，对于股权较为分散的公司来说，公司管理层会滥用自身拥有的高度的公司管理自由裁量权为自己谋利，甚至严重损害公司股东的利益，古典经济学理论所提出的道德的、经济的正当性显得愈发不适用，公司治理成为解决问题的重要手段。伯勒和米恩斯（1932）对公司治理问题的研究是建立在企业的契约性质和委托代理问题的基础上的，并且推动了经济学中代理理论的萌芽与发展。

### 2.2.2　公司治理的维度

随着公司治理研究的不断深入，公司治理的内涵愈加明确，学术界对公司治理的研究逐步从理论层面转向实证层面，为了便于开展具体的实证性应用性的研究，一些学者开始从操作层面对公司治理进行了若干个的维度划分。一般而言，学者们通常采用两分法将公司治理分为内部和外部治理机制两个维度，但就两个维度内的具体内容构成并未达成统一意见。其中，外部治理机制一般包括经理人市场的约束（法玛，1980）、控制权市场的惩罚（詹森和鲁拜克，1983）和产品竞争市场的压力（威廉森，1983）等机制，但由于这些机制的作用主要体现在整个行业或更加宏观的环境层面，而且治理主体很难从微观层面对外部治理机制的特征和效率进行适当安排与调整（周杰，2010）。因此，本书将公司治理的研究范围限定在内部治理的角度，以便于观察公司作为治理主体的内部治理机制在营运资本管理决策中所能发挥的作用。但就内部公司治理特征的界定，不同的学者也有不同的观点。普罗兹（1998）认为，公司治理是一个机构中控制所有者、董事和经营者行为的规则和标准。马克（1999）则将公司内部治理结构视为对公司股东、董事会和管理人员三者间关系的治理。霍斯金森等（2008）认为公司的内部治理机制应当由三个方面的治理组成：董事会特征、股权结构和管理者激励。国内研究中，吴敬琏（1996）将公司治理视为一种由董事会、股东和高级管理人员组成的组织结构。姜国华等（2006）通过对公司内部治理机制的文献梳理与综述，认为公司的内部治理机制主要由大股东治理、董事会治理和管理者薪酬激励三个方面的制度构成。李维安等（2010）认为，股权结构治理、董事会治理、管理者薪酬和激励等三方面的内部治理机制构成了适应于中国的公司治理，他们的定义是对前人关于公司治理内涵表述的归纳综合。结合公司治理的实践来看，公司治理的首要目标是保证股东的利益最大化，阻止董事会和管理层对股东利益的窃取与背离，而该目标的实现有赖于由股东会、董事会、高级管理层及其他利益相关者所构成的公司治理结构。因此，从相关理论与实践的角度出发，这种基于三种治理机制的划分较为合理，所以本书将公司治理划分为三个维度：股权结构、董事会治理和高管层治理。

（1）股权结构的界定与维度划分

一般而言，股权结构是指股份制公司的总股本中不同归属性质的股份所占的比例及其相互间的关系，具体来说则主要有股权的流通性、制衡度、集中度和股权属性等几个方面的特征。这些特征对公司治理有不同的影响，从而影响到公司的业绩。考虑到当前中国上市公司的经营现状以及数据的可获得性和相关研究的时效性，股权流通性和股权属性已随相关改革的落实而失去研究价值，而股权的制衡度通常又与股权的集中度相重合，因此本书选取股权集中度指标来度量上市公司的股权结构。

股权集中度不仅是对公司股权分布情况的主要度量指标，也是衡量公司经营稳定性的重要指标。现代股份制公司按照股东的出资比例，将其资产划分为等额股份并分别分配给各个股东，以此规定股东所能享受的控制权与收益权的大小。股权集中度体现了股东的股权分布状态，并由此决定了股东控制权的大小，进而会影响公司的市场行为。股权集中度对公司治理结构机制作用的发挥至关重要，会进而影响公司的经营绩效。在对股权集中度的研究与分析中，控股股东的持股比例即大股东持股比例占据了较为重要的内容。原因在于，在公司经营上，控股股东与其他中小股东之间既存在矛盾也具有共同利益趋同。具体而言，在防止公司内部管理人员利用经营管理决策权侵占股东利益的问题上，所有股东的诉求是一致的；同时，在最大化公司价值这一目标上，控股股东与其他股东是一致的；但是，在经营利润分配的问题上，控股股东一般会借助自身较强的控制能力侵占中小股东的利益。基于此，本书将上市公司的股权集中度作为考察公司股权结构的重要度量指标，以研究股权结构治理在公司经营活动中所发挥的作用。

（2）董事会治理的界定与维度划分

作为上市公司的最高决策层与核心领导层，董事会是直接受托于股东大会并以执行股东大会作出的各项决议为目的而形成的组织结构。基于前人对董事会治理的研究成果，同时综合考虑数据的可获得性以及度量指标的系统性、全面性，本书选取了独立董事比例和领导权特征两个角度来考察公司的董事会治理状况。

① 独立董事比例。

独立董事是指公司董事会中与公司经营以及其他股东董事没有个人和经济利益上的联系且能够独立地行使监督职权的董事。一般而言，独立董事至少具备两种特征：第一，相较于对公司经营业绩有着特殊需求和利益的股东、董事而言，其对公司管理的监督更为公正；第二，独立董事通常具备决策相关方面的专业知识。从国外的实践经验来看，许多国家将公司是否建立可靠的独立董事制度作为核准其能否上市的主要标准之一，而且对独立董事的人员构成、人员数量和应承担的责任等做出了严格的规定。客观上来说，公司需要引入一定数量的独立董事以促进公司治理机制的优化，这样能够在某种程度上反映公司对其自身治理有效性的重视和自信，进而有利于增强投资者的信心，从而对公司绩效产生积极正面的影响。

② 领导权特征。

关于领导权特征的研究主要集中于对董事长与总经理两职是否由同一人兼任的考察。纵观国外学者关于董事长与总经理两职合一对企业的影响作用的研究，目前还未就这一问题达成一致结论。部分学者认为董事长和总经理两职合一会对公司业绩产生负面影响。詹森（1993）认为两职合一会削弱董事会的独立性，使得董事会的部分关键职能难以有效实现，尤其是涉及对管理层经营决策的监督问题，甚至导致由于管理层掌握对公司的绝对控制权而发生严重的损害所有者利益以谋取私利的机会主义行为。同样地，雷希纳和道尔顿（1999）也认为两职合一有可能提高内部人对公司的控制权，从而恶化委托代理问题，造成公司整体价值被侵害的局面。此外，还有一些学者认为董事长与总经理的两职合一与公司业绩并不相关。例如邹风（2002）通过对中国上市公司的实证分析研究发现，上市公司两职合一现象并未对公司业绩造成显著影响。可能的原因是中国的公司治理环境较差，治理机制并不完善，即使董事会和总经理两职分离对董事会监督的独立性影响也十分有限。

（3）高管层治理的界定与维度划分

高管层即公司的高级管理人员，又称经营者、经理人和职业经理人等，是指基于一定的委托代理契约依法取得公司的经营管理权并直接对公司经营绩效承担责任的经营管理人员，是公司委托代理关系中的代理一方。在公司的经营管理实践中，公司所有者即股东多借助建立合理有效的激励机制，来调动管理层的积极性同时防止委托代理关系中可能存在的道德风险和逆向选择问题，鼓励管理层积极为股东谋利。因此，为了综合全面考察公司的管理层治理情况，本书拟从管理层持股和高管薪酬激励两个角度展开分析。

① 高管层持股。

高管层是否持有公司股份对于公司治理水平的高低和治理机制是否完善

有着重要的影响。从信息经济学的角度来看，委托代理关系会造成公司所有者与实际经营者之间存在严重的信息不对称，管理层可以通过实施一些隐蔽性行为利用不对称信息做出侵害委托人利益的决策和行为。因此，为了降低委托代理风险，将管理层与股东的利益诉求统一在一起，同时充分激发高管人员的工作积极性，部分上市公司开始尝试高管持股计划。一般来说，高管层持有公司股权的数量越大，其利益与公司价值绑定越牢固，由此高管层偏离公司的整体发展目标的可能性会降低，为公司谋利的积极性也越高。

② 高管薪酬。

作为企业内外部信息的吸收者、消化者和转换者，高管层由于掌握着公司实际的经营管理权，对外是公司价值与文化的代表，对内对于公司所拥有的资源和日常经营情况有着全局式的把握，因此他们的薪酬水平较公司内其他员工更高。但由于他们处于公司代理人的位置，并不拥有公司的所有权，再加上自身专业性优势和享受主义思想的影响，其经营决策并不能始终从股东利益的角度出发，因此高管薪酬成为激励高管人员努力工作的重要治理机制之一。通常情况下从行业对比来看，当公司的高管薪酬水平高于行业平均水平时，高管层的工作积极性和潜能能够得到较好的发挥，其工作付出能够得到相应的补偿，公司能够更好地将高管层的目标与公司整体目标相统一。这样不仅有利于激发管理者发展公司的积极性，还能有效地解决委托代理问题。但是由于公司内不同高管人员在数量和构成上存在较为明显的差异，因此实证研究中通常选取高管人员中排列前三的薪酬作为高管薪酬的度量指标，由于该数值通常较大，所以取其自然对数来代指。

## 2.3　公司治理对营运资本动态调整影响的相关文献回顾

公司治理的目标是解决股东与管理者、大股东与小股东之间的代理问题。因此，公司治理不可避免地会影响企业的营运资本（吉尔，2012；卡贾南坦和阿奇丘坦，2013），进而影响企业营运资本的动态调整。

在公司治理对营运资本动态调整影响的已有文献中，由于营运资本附着于企业的经营活动，与会计政策的选择密不可分，学者们对公司治理影响会计政策的机理作了初步探讨，一些学者认为公司治理是公司对会计政策做出相应选择的重要的内在原因。李端生和朱力（1996）认为，从形式上来看，会计政策的选择只是会计过程的一种技术规范，但就本质而言会计政策的选择是公司处理各利益主体的经济关系、协调相互的经济矛盾以及对经营利益进行分配的一项重要措施。李姝（2003）则将会计政策选择视为一种对利益主体的经济和政治利益进行博弈与平衡的决策安排。会计系统的运行是在一定的治理结构下进行的公司内部活动，公司治理结构与财务会计之间是环境与系统的关系，因此其不可避免地会受到公司治理结构的影响。而且公司治理还会对管理层信息披露的内容提出相应的要求与规定，进而影响财务会计信息披露的质量。此外，从发挥会计系统作用的角度看，科学严密的公司治理和组织管理更有利于引导和控制公司的会计系统。边敏涛（2003）认为，在当外部治理机制并不能发挥完全有效的作用而且激励约束机制不足的情况下，公司对会计政策的选择容易受到可能存在的机会主义因素的影响。彭源波（2004）也就公司治理结构与会计政策选择之间的关系进行了研究，认为公司治理结构不仅对会计政策的选择有较大程度的影响，还会显著影响会计信息披露的方式与内容，但是由于信息披露主体与信息使用者之间存在严重的代理问题，各利益相关主体会针对会计政策的选择展开博弈。邓倩（2005）从经济博弈理论的角度出发，认为公司作为会计信息的生产者和提供者，与诸如债权人、供应商、投资者和员工等利益相关者共同构成经济利益博弈主体，各方都倾向于选择对自己较为有利的策略。汤玲（2006）认为根据现代契约理论，企业是一组契约的联结，在该联结体中各利益相关者都以不同的形式加入企业这一契约网络中，并期望从中获取利益，这种情况下会计政策选择更多地表现为会计信息披露者与相关利益主体博弈均衡的结果。刘泉军（2006）将公司治理结构视为管理层做出会计政策选择的重要的内在原因。具体而言，公司内部和外部治理结构都会显著影响公司会计政策的选择。在采取外部监控式治理模式的公司中，公司会计政策的选择更多偏向于对公司的短期收益的确认，而在更多的内部监控式公司治理模式的公司里，其会计政策的选择则在很大程度上受制于银行的制约，因而更偏好于增加资产和收益以及减少负债。因此，作为公司会计政策的重要组成部分，营运资本的持有以及调整策略管理必然受到公司治理的影响。

近些年，已有文献开始对公司治理如何影响营运资本的动态调整进行探索。陈克兢等（2015）采用系统 GMM 方法，从公司特征、公司治理和宏观环境三个角度出发综合全面地考察了上市公司营运资本的影响因素，分析了上市公司营运资金调整方向的趋势，并对中国上市公司营运资本调整速度的区域特征进行分析。研究认为已有文献仅仅考察了公司特征因素和宏观环境因素对营运资金的影响，一方面缺少专门针对营运资本动态调整影响因素的研究，另一方面忽视了诸如通货膨胀率、公司治理以及外部治理环境等因素在公司实际的营运资本管理决策中所发挥的影响作用。基于此，陈克兢等从独立董事比例、股权集中度和董事会规模三个角度选取指标作为度量公司治理水平的代理变量进行了研究。具体而言，度量股权集中度时，采用第一大股东持股比例的平方作为代理变量；度量董事会规模时，采用董事会成员总人数的自然对数度量；度量独立董事比例时，采用独立董事人数占董事会总人数的比例作为代理变量。通过实证分析结果发现：公司特征、公司治理和宏观环境三个方面的因素均会对中国上市公司的营运资本持有水平产生重要且显著的影响。其中，成长能力、盈利能力、企业产权性质、企业规模、独董比例和通货膨胀率等因素对营运资本持有规模起到正面的促进作用，而诸如经营现金流、董事会规模、股权集中度和外部治理环境等因素对营运资本的持有水平起到显著的负面降低作用，但是行业管制、财政支出水平、货币发行量和贷款利率等因素与营运资本持有水平之间并未发现显著的作用关系。就中国上市公司营运资本的调整速度而言，不同区域的公司调整速度存在显著的差异，即相比较而言位于东部地区的上市公司其营运资本调整速度要普遍快于位于中西部地区的上市公司。就营运资本的调整方向而言，47.557% 的上市公司营运资本呈现正向调整趋势，39.986% 的上市公司则呈现相反的营运资本逆向调整趋势，部分上市公司的营运资本调整背离了最优营运资金水平。

逄咏梅（2013）重点分析了股权制衡这一公司治理机制的治理效果，并且考察了该机制在促进公司营运资本的管理效率中发挥的影响作用。她的研究指出，对大股东权力的有效制衡显然是提高内部关联交易公平性、保护公司利益独立性的关键。内部关联化交易普遍存在于上市公司之中，它是指公司大股东凭借自身的资源优势将个体公司的利益放入集团公司收益的目标之中，通常会造成大股东的公司利益与集团公司的利益产生冲突，大股东通过关联化交易对中小股东利益形成侵占和剥夺。她的研究发现，当经济处于上行阶段，控股股东借助经营性关联交易侵占上市公司营运资本的现象经常发生，支持了前述的控股股东利益侵占理论，但公司内的制衡机制对这种利益侵占现象起到了显著的制衡效应，特别是股权制衡机制对限制控股股东的决策权限发挥了较为重要的作用；当经济处于下行阶段，控股股东借助经营性关联交易侵占上市公司营运资金的现象发生较少，而且在个别年份还出现了控股股东通过关联交易向上市公司逆向输送营运资金的现象，这一现象部分支持了控股股东利益输送理论。基于现有研究，本书认为公司治理对营运资本的影响体现在以下几个方面。

（1）管理者与营运资本

从管理者的角度来看，公司治理机制可以有效地缓解公司所有者与管理层之间的第一类委托代理冲突（白重恩，2005），这意味着公司治理有利于将股东与管理层的目标和利益诉求绑定在一起以使其趋于一致，能够促使管理者更加重视企业价值的最大化。因此在有效的公司治理环境中，公司管理层在日常的经营决策中会更加谨慎地权衡决策可能造成的收益与风险，以最大限度地保证经营决策的经济性与合理性。而目标营运资本则体现了公司流动资产决策中的收益与风险最优匹配的状况。当公司的实际营运资本处于目标水平时，公司价值也达到了最高水平。为了实现公司的价值最大化，管理层会通过加快调整营运资本以尽力缩小实际营运资本与其目标水平之间的差距。因此，公司治理机制越有效，管理层对营运资本的调整意愿就越强烈，随之营运资本的调整速度也越快。

（2）控股股东与营运资本

从控股股东角度来看，有效的公司治理机制有助于缓解控股股东与中小股东之间存在的第二类代理冲突（白重恩，2005）。这类代理问题产生的原因在于控股股东为了自身利益，凭借自身优势将公司资产和利润转移到自有公司掏空上市公司的行为，从而严重侵害了广大中小股东的合法权益。由于流动资产的流动性较强且在日常经营中变动较大，因此，更容易被控股股东挪用或滥用以达到掏空上市公司的目的（梅尔斯，1998），这种行为无疑会导致公司的营运资本愈加偏离其目标水平。相应地，有效的公司治理机制能够在一定程度上制衡控股股东的行为，从而减少控股股东通过"恶意现金股利"（翁洪波和吴世农，2007）、"关联交易"（陈晓和王琨，2005）和"基金占领"（李增泉等，2004）等方式侵占小股东利益的行为，促使企业实际的营运资本进一步向目标值调整。股权结构是对营运资本具有重要影响的因素之一。根据大股东与小股东的委托代理关系理论，当公司股权分散时，经理人受到来自董事会的监督力度减小，管理者可能出于机会主义动机盲目扩大公司规模，这种情况下管理者更加倾向于采取提高生产产量、使用激进的营销政策等方式扩大销售规模，进而引发公司存货周转速度和应收账款回款速度降低等状况，从而推高了营运资本的资金占用。施莱弗和维什尼（1986）认为，相比于股权较为集中的公司，股权分散型公司通常拥有更差的盈利能力和市场表现，其外部融资成本也相对更高，即股权分散性公司更加需要持有较高水平的现金作为资金储备。奥兹坎等（2004）在对英国公司的研究中发现，最终控制权、管理者持股和大股东持股等因素会对公司的现金持有水平产生显著影响。胡国柳（2006）以 1998～2002 年在中国沪深两市上市的公司为研究样本，从公司治理视角切入，研究风险公司的流通股比例与公司的现金持有水平之间存在显著的正相关关系，而法人股所占比例、股权集中度则对公司的现金持有水平起到显著负向作用，此外，第一大股东持股比例和国有股比例对公司现金持有水平的作用并不显著。杨兴全等（2015）在对中国部分上市公司的实证研究中发现，公司治理机制对公司现金持有量起到重要的影响，具体而言，国有股比例以及股东的受保护程度对公司的现金持有水平产生显著的负向作用，但是股权集中度与现金持有量间的关系并不明确。

（3）董事会特征与营运资本

从董事会特征来看，它是研究公司治理机制对营运资本作用机理时需要关注的主要因素。学术界关于董事会特征的研究一般都关注了两个方面：董事会规模和董事会的独立性。詹森（1993）认为董事长和总经理的两职合一不利于董事会独立性的形成，使得董事会的一些关键职能如监督职能难以得到有效实现，最终可能造成管理者凭借自身对公司的绝对控制权而采取损害整体股东利益的机会主义行为。雷希纳和道尔顿（1999）也认为董事长和总经理的两职合一会提高公司被内部人控制的可能性。国内学者邹风（2002）的研究则发现，在中国相对较弱的治理环境下，两职分离对董事会独立性的作用十分有限，因此上市公司是否两职合一并不会对公司的经营决策产生显著影响。国外学者阿马吉特和纳胡姆（2012）在对现有文献进行仔细梳理的基础上，补充了公司治理因素对营运资本管理效率影响的相关研究。研究发现首席执行官（CEO）两职合一、董事会规模、CEO 任期以及审计委员会等因素均对营运资本管理效率产生重要的影响，而公司治理水平的提高能够显著提高营运资本管理效率。

此外，也有部分学者从高管激励（朱大鹏，2015）、管理层持股比例（叶陈刚等，2015）等角度研究公司治理内部机制对营运资本的影响。但从现有文献看，系统性地将内部公司治理机制与营运资本管理置于同一框架下研究的较少，且研究深度有待挖掘，本书认为这是今后研究营运资本与公司治理时值得关注的重点问题。

## 2.4　本章小结

从营运资金实践发展与相关研究中不难发现，经济周期、货币政策、融资约束、企业所处的行业、公司特征、生命周期、高管背景等都发挥了至关重要的作用。已有的文献多从宏观经济层面或者某种公司特征的角度出发，分析其对营运资本的影响，但是鲜有文献从公司治理的角度进行全面分析。

大多数文献支持营运资本具有行业特征，不同行业的营运资本所表现出的特点具有显著差异，因此研究营运资本需要区别不同的行业进行分析才具有研究意义。由于制造业基建、设备投资规模大，应收账款、存货占流动资产的比重较高，营运资本对企业的影响大，且制造业上市公司相较于其他行业，具有较为完整的营运资本周转环节，因此，这是本书选择制造业上市公司分析营运资本动态调整的原因。

对于目标营运资本的存在原因，主要有三个因素：一是，风险和收益的权衡，企业需要在流动性与盈利性之间做出选择；二是，成本与收益的权衡，企业需要在不同商业信用的利弊、存货成本与收益之间权衡利弊做出选择；三是，营运资本的管理策略。从这三个角度分析，在中国的背景下，企业的营运资本与业绩之间的关系并非线性，存在一个目标营运资本使得企业业绩最优。

已有文献从微观企业层面探讨了公司治理对经营活动的积极作用，包括信用风险和存货管理，以及从利益相关者的角度探讨了公司治理对企业会计政策制定的影响。近几年，国内外学者们开始关注公司治理如何影响营运资本的动态调整。但是，已有的关于营运资本动态调整的研究虽尚未跟上其他领域的发展。不仅如此，中国关于营运资本动态调整的研究明显少于其他国家，虽然整体上近几年的文献多于往年，但该领域的研究尚处于起步阶段。

# 第 3 章

# 理论基础

本章以动态权衡理论作为理论分析的核心，结合委托代理理论和权变理论，形成营运资本的动态分析思路，从理论层面分析营运资本动态调整的内在机理，为分析公司治理对营运资本动态调整的影响提供理论上的支持。

## 3.1　权衡理论与营运资本动态调整

### 3.1.1　权衡理论

著名的 MM 理论是由莫迪格利安尼和米勒二人提出的，他们的论文《资本成本、公司财务与投资理论》发表在 1958 年的《美国经济评论》上。根据 MM 定理，在满足一系列假设条件下，企业价值与资本结构无关，即负债企业的价值与无负债企业的价值相等。其中的假设条件包括没有税收、不考虑交易成本以及个人和企业贷款利率的差别。MM 定理的诞生开创了现代资本结构理论发展的先河，其后的学者都是在 MM 定理的基础上，逐步放开其严苛的假设条件，将资本结构的研究放入现实的资本市场环境中，解释在现实环境中企业资本结构的决策问题。权衡理论则是由克劳斯和利特森伯格二人在 1973 年提出的，他们以 MM 理论为基础，通过放宽 MM 定理的假设条件，同时结合财务困境成本和代理成本，研究资本结构对企业价值的影响。权衡理论认为虽然负债产生的利息能够减少企业的税前收入，具有一定的税盾效应，但是债务融资也会增加企业的破产概率。关于权衡理论的研究主要可以分为静态和动态两部分内容。

（1）静态权衡理论

克劳斯和利特森伯格二人在 1973 年首次提出的权衡理论即为静态权衡理论。他们认为公司的目标是实现企业价值最大化，这就要求公司在债务的税盾效应和财务困境成本之间进行权衡。企业价值可以根据股本价值加上债务的税盾收益，再减去财务困境成本进行计算。其中，公司的负债比例越高，出现财务困境的概率越大，即公司的负债比例与出现财务困境的概率正相关，也就是说公司的负债比例与财务困境成本正相关。由于负债产生的利息可以作为成本税前抵扣，所以公司的负债比例与税盾收益呈反向关系。根据企业价值的计算公式，可以推断出一个最优的负债比例，使债务的税盾收益减去财务困境成本达到最大值，即企业价值达到最大值。根据汪昌云（2006）的定义，财务困境成本是指企业因到期无法偿付而给企业带来的经济损失，包括财务拮据成本和破产成本两个部分。当企业的财务杠杆过大而出现到期无法偿还的风险时，企业会陷入财务困境之中，给企业的生产经营带来一系列的连锁反应。例如，企业信誉会受到外界的严重质疑，从而导致债务再融资的利息率上升，可以贷款的额度降低，融资上的困难进而会影响到企业正常的生产进度和战略发展，企业因此将付出惨重的代价。企业的资产负债率越高，陷入财务困境的可能性也就越大，随之给企业带来的利益损失也就越严重。

豪根和森贝特（1978）认为企业的破产成本可以具体分成直接成本和间接成本，其中直接成本是指企业因到期无力偿还债务而不得不进行破产和重组的过程中发生的现金流出。现金流出的形式包括破产的法律成本，如律师费用和相关的注册会计师审计费用；以及破产的管理成本，如企业资产的损失以及清算费用等。虽然破产的直接成本会给企业带来一定的价值损失，但是从已有的破产案例来看，直接成本在企业破产的价值损失中所占的比例并不是很大。华纳（1977）以破产的 11 家铁路公司作为样本对企业破产的直接成本进行了考察，得出结论说明企业破产的直接成本占企业破产时公司市值的比例只有 5.3%。同时企业的直接破产成本与企业规模呈现显著的负相关关系，这意味着破产存在着规模经济，企业的规模越大，其破产时所花费的成本也就越小。因此，企业的破产成本主要来源于在企业申请破产保护之前发生的间接成本（安德雷德和卡普兰，1988）。破产的间接成本一方面来源于债券投资者与股权投资者之间的代理冲突，如果公司的管理者以股东利益最大化作为企业的经营目标，当企业存在巨大的违约风险时，管理层很有可能会选择一些风险较大的投资项目，通过风险转移的方式，将损失转嫁给企业的债券投资者来承担。企业的管理者也可以通过更多的债务融资来支付股东红利，在降低债务市场价值的同时保持企业整体的价值不受大的影响，导致股东的损失远远低于其获得股票分红。甚至，管理层可能会使用一些手段来隐瞒公司出现的违约风险，在信息不对称的条件下，外部的债券投资者很难及时有效地掌握企业的经营和财务状况，延长了债权人执行破产或重组等权利的时间，相当于增加了债务的有效期限，将风险转移给了债权人从而使股东获利（詹森和梅克林，1976）。除了代理成本，破产的间接成本还包括企业发生违约风险时给其利益相关者带来的负面效应。首先是企业相关的消费者如果察觉到企业有可能到期无力偿还债务，出于对自身利益的保护，他们不再购买其产品或服务，企业正常的生产和销售将受到严重影响。其次，企业的上游供应商会提出严格的供货条件，降低其信用额度，避免企业出现恶意拖欠资金的情况。最后，企业在进行新一轮筹资时会受到严重的阻碍，企业外部的债券投资者和股权投资者都不愿意承担额外的风险，导致企业出现融资困难，无力再抓住更好的投资机会，形成恶性循环。奥特曼（1984）通过对企业破产间接成本的实证研究表明，破产前企业的间接破产成本占到了公司市值的 10.5%，远高于其直接破产成本。

后来的学者对静态权衡理论进行了大量的研究，从而得出一些重要的推断，并且以实证研究进行验证（哈里斯和雷维夫，1991）。静态权衡理论引入了均衡概念，为最优资本结构提出了理论上的可行性，是资本结构理论研究的一个重大突破。根据静态权衡理论，当资产负债率到达一定程度之后，企业开始出现违约风险形成财务困境成本，但由于此时的债务税收收益要远高于破产成本，因此企业的价值依然在上升，只是幅度变小。随着公司资产负债率的进一步提高，企业的价值达到最大化（斯科特，1977）。因为如果企业此时选择继续进行负债融资，企业破产成本将会高于负债带来的税收收益，此时企业价值就会下降。因此，在理论上应该存在最优资本结构，这个最优资本结构能够使债务税盾效应带来的企业价值增量与财务困境成本带来的企业价值增量之差达到最大值，即企业价值最大化。

尽管静态权衡理论得到了问卷调查研究结果的支持（格雷厄姆和哈维，2001），但是梅尔斯（1983）通过分析发现，静态权衡理论难以解释美国公司的一些实际情况。例如，相对于其他国家公司而言，债务税盾效应较强的美国公司却表现出较低的债务水平；相对于其他国家公司而言，盈利能力较强的美国公司却表现出较低的债务水平；某些国家的债务税盾效应较弱，而这些国家的公司却没有表现出股权融资偏好。

（2）动态权衡理论

静态权衡理论虽然提出了最优资本结构的理论可行性，但是它只关注企业某一时期的资本结构决策，并没有以动态的视角进行全面的分析。实际上资本结构一直是处于动态调整的状态，静态权衡理论虽然可以帮助企业解决最优资本结构的问题，但也同样导致企业只能围绕最优资本结构来安排其融资决策，严重束缚了企业的发展，特别是对于那些成长性较高的企业，以最优资本结构为核心来安排企业的融资决策很有可能导致企业错过大量有利的投资机会，影响到企业的未来发展。从成本的角度来看，企业持续的保持最优资本结构会增加成本，在一定程度上也会影响企业价值的提升。针对这一系列问题，国内外学者对资本结构的研究从单一时期的利益权衡拓展到多个时期的权衡，形成了动态权衡理论。马什（1982）在研究中发现，企业会根据自身实际的负债水平同目标财务杠杆水平之间的差异确定融资方式，但是目标财务杠杆水平因为没有办法获得直接的观测，所以需要进一步考虑最优资本结构的影响因素。布伦南和施瓦茨（1978）在研究中发现企业的债务比例并不是一成不变的，而是保持在一个相对区间之内，如果资产负债率偏离了这个区间，企业就会重新进行调整，使资本结构趋近于最优值。

动态权衡理论认为企业的资本结构不会长期保持在最优水平，由于受到一系列内外部因素的综合影响，企业的资本结构可能会长期处于一个偏离的状态，因此企业会在不断调整的动态过程中安排其资本结构决策。企业的实际资本结构与其目标水平存在差异主要是由于两方面的原因：一方面是出现了随机的情况和意外的变化，导致企业不得不暂时改变原有的资本结构安排，之后会逐步调整这种因为偶然事件而产生的偏差，使其回归到最优资本结构的水平上。例如一个企业抓住了一个对其扩大再生产极为有利的融资机会时，其资本结构就会偏离原有的最优目标。导致资本结构偏离最优目标的另一个因素是调整成本的存在。梅尔斯（1984）的研究表明，在不考虑调整成本的假设下，企业必然会将其实际的资本结构调整至最优水平。但是在现实的环境中，受到多种因素的影响，企业资本结构的调整成本是必然存在的，而且调整成本与企业偏离最优资本结构的时间呈正相关关系。调整成本可以细分为制度成本和固定成本，制度成本主要是因为资本市场存在摩擦和企业内部公司治理机制的不完善。这些因素导致企业受到融资约束的困扰，从而增加了融资的机会成本。固定成本是企业调整资本结构所需付出的费用，包括律师费用、资产评估费用以及会计费用等，不同企业会因为公司规模等因素的不同而产生一些差异。

近年来，随着动态面板数据在计量方面获得了突破性进展，使得资本结构的动态调整在实证研究方面也取得了许多重要的研究成果。巴纳吉（2000）以美国和英国的上市公司作为样本实证检验了资本结构动态调整的相关问题。研究结果表明资本结构的调整速度具有显著的个体差异性，同一个企业在不同的时点上其调整速度也会不同。企业的资本结构在大部分时间里都偏离其最优水平，并且向最优资本结构调整的速度较为缓慢。通过国内外学者对动态权衡理论展开的一系列成果显著的实证研究，资本结构动态调整的合理性得到了进一步的证实，动态权衡理论已处于逐步完善的发展过程中。综上所述，动态权衡理论主要研究三方面问题：首先，公司是否存在最优资本结构；其次，企业向最优资本结构调整的速度是怎样的；最后，当企业的营运资本发生偏离时，企业会发生怎样的调整。现有文献分别对这三个方面进行了大量深入细致的研究，为动态权衡理论提供了数据上的支持。

### 3.1.2　权衡理论对营运资本动态调整的影响

目前，动态权衡理论主要集中应用在企业资本结构动态调整的研究中，但是营运资本作为企业资本结构一个新的研究方向，动态权衡理论同样可以为营运资本动态调整的研究提供理论上的支持和借鉴。本书将动态权衡理论延伸到营运资本动态调整的研究中来，将其作为理论上的基础和核心，同时借鉴国内外学者的研究思路，构建营运资本动态调整的三个研究方向。

首先是目标营运资本的存在性。企业的营运资本具有提升企业价值的"预防"和"利用"作用。当企业遇到具有突发性和偶然性的不利冲击时，营运资本可以帮助企业规避可能出现的财务风险，保证企业的正常平稳运行，进而提升了企业的价值；而当企业面临有利的投资机会时，营运资本又可以帮助企业及时调动优势资源，保证企业有能力抓住有利的投资机会，为企业参与市场竞争带来优势，为企业价值的提升提供了资金上的支持。尽管营运资本能够帮助企业提升其价值，但是企业持有营运资本必然要付出一定的成本。随着营运资本持有水平的提高，其成本也会随之上升，必然会削弱营运资本带来的价值提升，企业应当在营运资本的成本和收益之间进行权衡来决定其当期的营运资本水平，这符合动态权衡理论的内涵，即根据动态权衡理论，企业应当存在目标营运资本。

其次，如果企业的营运资本偏离了其目标水平，企业是否会进行调整。根据动态权衡理论的内涵，企业虽然存在目标营运资本，但是由于外部环境处于不断变化的过程中，企业需要根据自身的经营状况和财务状况进行不断的调节以适应这种变化，这就使得企业的营运资本不可能一直保持在目标水平上，导致企业出现实际营运资本偏离目标营运资本的情况。而且，企业的目标营运资本也不是一个恒定不变的指标，它会根据企业内外部环境的变化以及企业战略目标和投融资决策的改变而产生不断的波动。拉里和罗伯茨（2005）通过建立资本结构动态多期模型实证检验了企业是否会进行资本结构的动态调整，研究结果表明，企业会积极调整资本结构使其处于理想的范围之内。

最后，营运资本动态调整是否会受到相关影响因素的阻碍。资本市场存在着各种摩擦，代理成本、信息成本以及融资约束等多方面问题导致企业在调整的过程中需要支付一定的成本，而调整成本的存在使企业很难迅速地进行营运资本调整。动态权衡理论认为企业的营运资本调整并不能一蹴而就，企业的营运资本变化应当遵循一个部分调整的过程。

## 3.2　委托代理理论与营运资本动态调整

### 3.2.1　委托代理理论

（1）委托代理理论的含义

伯勒和米恩斯在 1932 年最早提出了委托代理的思想，他们认为股权分离是现代企业最基本的特征，所有权和经营权的分离使企业的所有者和经营者具备了不同的权利和责任。具体来看，所有者的权利是能够获得企业的经营收益，而与之相对的责任是需要为企业提供资金，用以保证企业的正常经营并且承担相应的风险；经营者的权利是能够按照事前签订的合同获得预期收益，而与之相对的责任是需要对企业的日常经营活动进行管理与决策。

随着委托代理思想的出现，罗斯在 1973 年正式提出了委托代理的概念，他将委托代理定义为：双方当事人都存在的前提下，代理人接受委托人的委托行使决策权，由此产生委托代理问题。詹森和梅克林（1976）是研究委托代理问题的代表性人物，他们将委托代理定义为：一位或几位委托人雇佣并授权给另一位代理人，代其行使某些特定行为的契约关系。他们认为委托代理问题是无法彻底消除的，现实中的所有企业都存在不同程度的委托代理问题。委托代理问题主要包括监督、保险费用和剩余损失等三项成本。其中，监督成本是指委托人为了保证所付资金的安全而付出的监督成本，监督成本主要包括对代理人的监督和激励两项成本。保险费用成本是指代理人付

出的能够保证委托人利益的成本，它既包括代理人付出的能够使委托人利益
得到保证的保险费用，同时也包括一旦委托人利益受到损害而产生相应的赔
偿费用。剩余损失成本是指代理人从不同利益角度进行决策而产生的经济后
果之差，包括代理人从委托人利益的角度进行的决策和代理人从自身利益角
度进行的决策。从出资人的角度可以将委托代理问题分成股权代理成本和债
权代理成本两种类型，其中股权代理成本主要是指詹森和梅克林（1976）
提出的监督、保险费用和剩余损失等三项成本。而债权代理成本是指债权人
对代理人的经营决策进行影响而产生的额外成本和破产费用等。

现代企业制度的特征是股权高度分散，这就必然导致企业所有权和经营
权的分离。主要原因是单一股东持股比例较低，企业进行决策必须要让众多
股东直接参与，这不但会增加企业的运行成本，而且在管理上也存在很大的
限制，所以想要高效地管理企业必须要聘请职业经理人，进而导致所有权和
经营权的分离。委托代理双方通过签订合同形成契约关系，委托方通过契约
要求代理方完成制定的任务，其中主动缔约的一方是委托人，而受邀缔约的
一方是代理人。

（2）委托代理理论的假设

委托代理理论存在三个前提假设：信息不对称和利益冲突、契约的可证
实性以及契约符合约束和激励相容。第一个假设是信息不对称和利益冲突，
这是委托代理问题存在的最基本假设。只有委托代理双方存在信息不对称，
代理人才有机会从自身利益角度出发进行决策；只有委托代理双方存在利益
冲突，代理人才有动机从自身利益角度出发进行决策。第二个假设是契约的
可证实性，这是委托代理问题能够解决的假设。由于委托人与代理人之间存
在利益冲突，所以代理人有动机从自身利益角度出发进行决策，从而产生道
德风险和逆向选择的问题。而由于委托人与代理人之间存在信息不对称，委
托人无法直接观察到代理人的努力程度，无法给出与之相对应的报酬以及无
法有效地监督代理人的决策，委托人必须通过设计一系列有效的契约来对代
理人进行有效的监督与激励。第三个假设是契约符合约束和激励相容，这是
有效解决委托代理问题的假设条件。委托代理双方最合理的关系应该是委托
人严格执行契约，将企业的经营权充分授权给代理人，并且不对代理人的决

策施加影响；同时在契约中包含有效的激励机制，确保代理人能够从委托人利益的角度出发进行决策。

（3）委托代理理论的特征

① 委托代理双方的目标具有不一致性。

由于委托人和代理人具有不同的目标效用函数，导致二者之间存在利益冲突，结果就是委托人和代理人都只从自身利益角度出发进行决策。契约关系的主动缔约方即为委托人，他们从自身利益角度出发，根据目标效用函数考虑如何实现利益最大化。而为了实现利益最大化的目标，委托人会要求代理人在增加收入的同时尽可能地降低成本和费用，在保持对代理人约束的同时尽可能地降低对代理人的激励程度，甚至取消对代理人的激励措施。契约关系的受缔约方即为代理人，他们同样会从自身利益角度出发，根据目标效用函数考虑如何实现利益最大化。而为了实现利益最大化的目标，代理人会要求增加自身收入的同时尽可能地降低自己的努力程度。委托代理双方的目标效用函数不同，导致双方发生利益冲突，进而产生代理人的逆向选择和道德风险等问题。营运资本的调整问题正是委托代理双方利益冲突之下的典型表现，由于代理人从自身利益角度出发进行决策，导致营运资本调整速度过慢，最终损害了委托人的利益。针对委托代理关系中出现的问题，委托人需要设计一套合理的契约来保证委托人和代理人双方的利益。合理的契约应该既能够保证委托人的利益也能够保证代理人的利益，能够降低委托代理双方的利益冲突，通过约束代理人从委托人的利益角度出发进行决策，在保证委托人利益的同时得到与自身努力相对应的回报。虽然在理论上合理的契约能够有效解决委托代理问题，但是在现实的经济活动中，由于受到多重因素的影响，完全合理的契约是不存在的，契约无法考虑到所有可能出现的情况，而且遵循成本效益原则，只能做到尽可能的合理。

② 委托代理双方签订的契约具有不完备性。

虽然在理论上合理的契约能够有效解决委托代理问题，约束代理人从委托人利益角度出发进行决策，但是在现实的经济活动中，由于受到多重因素的影响，契约无法考虑到所有可能出现的情况，因此制定完备的契约是不现实的。即使能够制定相对完备的契约，也会付出高昂的成本作为代价，这显然不符合成本效益原则。在委托代理双方的关系中，委托人和代理人是一种契约的关系，代理人通过契约的约束进行决策，从而保证了委托人的利益。契约主要包括显性契约和隐性契约两种类型，其中显性契约是一种较为正式的契约关系，委托代理双方签订正式的书面协议，通过书面协议的记载明确双方的权利和义务，这种正式的契约关系具有严格的法律效力；而隐性契约是一种非正式的契约关系，委托代理双方不需要签订正式的书面协议，而是按照某些约定俗成的规定来明确双方的权利和义务，这种非正式契约关系的法律效力要低于正式的显性契约。契约之所以具有不完备性主要有以下三点原因：一是制定契约的复杂性，在现实的经济活动中，契约的制定会受到多种因素的影响，委托人不可能将所有因素的影响都写入契约，或者说将所有因素的影响都写入契约会付出巨大的成本，不符合成本效益原则；二是现实环境的不断变化，由于现实中的经济活动是不断发展变化的，委托人不可能预计到未来会发生什么状况，因此现在制定的契约并一定适应未来的发展变化；三是委托代理双方的信息不对称，由于委托代理双方之间存在信息不对称，委托人无法了解代理人的所有信息，因此不能够根据代理人的全部信息制定契约，从而导致了契约的不完备。

③ 委托人与代理人存在信息不对称。

委托代理双方的信息不对称可以分成契约签订之前的信息不对称和契约签订之后的信息不对称。契约签订之前的信息不对称是指委托代理双方在契约签订之前，委托人无法了解到代理人的所有信息，因此在制定契约时无法考虑到代理人的全部信息，这是在契约签订之前委托人存在的信息劣势；而契约签订之后的信息不对称是指委托代理双方在契约签订之后，委托人受到自身时间和能力上的限制，无法完全了解到代理人的努力程度，而且代理人由于负责企业的日常经营活动，相比委托人掌握着更多的企业信息，有动机也有机会隐瞒企业信息而达到获得利益的目的，这是在契约签订之后委托人存在的信息劣势。

### 3.2.2　委托代理理论对营运资本动态调整的影响

委托代理问题包括两类：一类是股东与经理人之间的代理问题，被称为第一类代理问题，理论界最早开始研究的就是第一类代理问题，并且已经取得了一定的研究成果；另一类是大股东与小股东之间的代理问题，被称为第二类代理问题。施莱弗和维什尼（1986）通过研究发现，不同于西方发达国家股权高度分散的情况，许多发展中国家的股权是高度集中的，这些企业的委托代理问题主要集中于大股东与小股东之间。而营运资本作为一种企业资源也深受委托代理问题的影响，研究委托代理问题对营运资本的影响，需要将这两类代理问题都考虑进去。

（1）第一类代理问题对营运资本的影响研究

根据理性经济人假设，无论是股东还是经理人都以自身利益最大化为目标，二者存在利益冲突。股东的目标是实现投入资本的安全和收益最大化，而经理人的目标是追求个人收益和个人享受。由于股东和经理人的目标函数不一致，导致二者在对待风险和收益方面的态度不一致，主要体现在经理人的逆向选择和道德风险行为。已有的研究结果显示，如果股东和经理人的目标函数趋于一致，经理人在进行决策时会更加注重风险和收益的匹配，尽可能地保证决策的合理性。营运资本代表着企业收益与风险的匹配，当企业的实际营运资本达到目标营运资本时，企业业绩也处于最优水平，所以经理人出于提高企业业绩的目的更倾向于调整营运资本实际值与目标值的偏差。

（2）第二类代理问题对营运资本的影响研究

虽然中国的资本市场稳步发展，但是相对于西方发达国家而言，中国企业的股权集中度更高，这就使企业股东分成大股东和小股东。小股东因为持股比例较小，对管理层的监督能力有限，所以小股东容易放弃监督管理层的权利，产生"搭便车"的现象。大股东与小股东之间也会产生委托代理问题，由于大股东持股比例较高，承担着较高的企业经营收益和损失，因此大股东有更大的动机对管理层进行监督，从而对股东与管理层之间的委托代理问题起到了积极的作用。但是，由于大股东和小股东的目标函数不一致，存在利益冲突，所以大股东容易产生凭借控制权获取私有收益的"隧道效应"，而小股东则很难对大股东进行有效的监督，这不仅损害了公司的价值，同时也损害了小股东的利益。特别是在投资者法律保护较弱的环境下，大股东与小股东之间的代理问题更加严重。

已有关于第二类代理问题的研究表明，大股东从自身利益角度出发存在转移公司资产获取私有收益的动机，这种行为不但掏空了公司资产而且损害了小股东的利益。梅尔斯（1984）通过研究发现，因为流动资产的流动性较强，更容易被大股东侵占或者转移，这在一定程度上扩大了企业营运资本与目标值的偏离程度。

## 3.3　权变理论与营运资本动态调整

### 3.3.1　权变理论

早期的管理理论将组织视为一个封闭系统。而到了 20 世纪 60 年代，管理学家则从开放性系统的视角审视管理理论。这些理论认为组织进行管理不能仅考虑组织内部问题，更重要的是在管理过程中将环境因素考虑在内。在开放的系统中，组织具有复杂性和多变性等特征，并且其与外部要素之间的联系也变得松散化，且具有更为模糊的边界。权变理论则在诸多的基于开放系统的管理理论中占据着重要的位置。

洛尔施和劳伦斯（1967）最先提出了"权变理论"（contingency theory）。该理论认为组织所有的包括决策在内的管理行为都取决于环境，是对环境进行权衡的结果。内部特征和外部环境匹配程度越高的决策或组织，其适应性也会越强。在对属于不同行业的企业进行比较的过程中，他们发现环境的高度不确定性以及技术和市场的迅速变化会对企业提出新的要求，其中既包括新的约束，也包括新的机会，并且这些都与稳定环境所提出的要求不同。企业只有在紧密结合这些环境因素的基础上，才能做出更为有效的管理行为。国外诸多学者皆选择某一方面的环境因素，利用权变理论对该环境因素与组织行为的关系展开了丰富的研究。劳伦斯（1993）则在一篇综述性的论文中对其进行了总结，其中较为重要的环境因素包括规模、技术、地理位置、不确定性、参与者素质、资源依赖度、国家及文化差异、经营范围、组织的生命周期等。

美国管理学家及行为科学学家弗雷德·卢桑斯将这种权变关系视作多个变量所对应的一种"IF - THEN"的函数关系。在权变理论的应用过程中，表示组织环境的各个因素构成了"IF"的参数。在"IF"函数下，组织需要对这些因素进行充分的权衡，为得出最后的决策方案提供支持。"THEN"所输出的结果即组织的决策方案，该决策方案是对各个环境因素进行权衡的一个结果。通过此种函数关系所做出的决策，能够充分实现环境与决策的融合，增强决策的适用性。在这种"IF - THEN"的决策模式下，组织更容易在不同的环境下，做出更为合理的决策。例如在"IF"中输入的环境因素是经济衰退，那么在"THEN"中所输出的决策很可能选择收缩或者是转产的战略。与此相反，如果输入的环境因素是经济繁荣，那么其输出的结果则更倾向于扩张战略等。可以看出，在利用权变理论直到组织管理实践时，管理行为的适应性也会得到显著的增强。

基于上述分析可以看出，权变理论的核心思想包括以下三个层面：首先是目标明确性。权变理论除了假设组织面对环境是开放的之外，其对"人"的假设依然是理性的，即管理者在面对复杂的、变动的环境时，其所作出的包括决策在内的各项管理行为仍然是理性的。在此假设下，组织行为的目标具有明确性的特征。这一明确的目标正是权变理论的起点，管理者围绕着该目标展开对组织的管理。具体到财务活动中，其目标可能包括利润最大化、价值最大化、保持充分的流动性、保持财务稳健性等。其次是影响因素。权衡理论与早期管理理论相比的突出特点是其认为组织对外部环境是开放的，即组织在做出管理行为时必须要考虑到外部环境及其变动。在组织作出财务决策时，其应当考虑到的环境可以分为组织环境、行业环境和宏观环境三个方面。宏观环境包括政治与法律因素、替代者因素、竞争者因素、供应商因素以及顾客因素等。在企业做出有关财务决策时，组织内部环境也是其所要考虑的重要部分。财务决策通常由企业管理层做出，而在企业的权力层次中，管理层作为执行层，其所作出的管理行为必然会受到作为决策层的董事会的影响，诸如企业的股权分配状况、董事会构成以及对高管层的激励机制等。只有在对组织环境进行充分分析的基础上，组织才能够更为合理地运用权变理论进行组织管理。若组织对环境分析出现偏差，那么其所作出的管理行为也不会对组织有增益作用，反而会损害组织价值。最后是决策灵活。在封闭的组织内部，由于其制定的目标是确定的、其环境是简单的，因此往往会造成组织僵化的局面，在这种组织内，所有的决策都需要逐层审核，其决策过程甚至会完全陷入官僚化的过程。但是权变理论所适用的条件是组织对环境的开放性，目标是不确定的，环境是复杂多变的，因此僵化的决策程序就会造成决策低效的状况。在这种环境下，组织的所有决策程序都应该具有更大的灵活性。以上三个层面既是权变理论核心思想的体现，也是对组织高效利用权变理论提出的基本要求。

相较于基于封闭系统的管理理论，权变理论打破了环境与组织之间的界限，具有显著的进步性。但是在发展与应用权变理论时，也会面对大搞相对主义的做法，甚至达到否认规律、否认理论的程度。避免使权变理论出现卢桑斯（1973）所指出的"凭感觉管理"的现象。因此在应用权变理论时，也要注意在明确要素分类的基础上，对组织环境、组织目标、权变路径等的具体化分析，使得权变理论能够更好地发挥指导实践的作用，并在此过程中得到进一步的发展。

### 3.3.2 权变理论对营运资本动态调整的影响

营运资本是企业财务资源的重要组成部分，企业对营运资本等的调整体现出其应对内外部环境的一种能力。这种能力越强，表明企业越能够以高效的方式对财务资源进行动态调整，以期达到更为合理的财务状态。王欣和王磊（2012）在动态能力的基础上，提出了财务权变理论，并归纳出了包括路径依赖、外部环境、内部环境以及可持续发展在内的分析框架。框架内的四方面内容并非孤立存在，企业在通过路径依赖来实现其可持续发展的目标的同时，可持续发展的目标也会反馈至路径依赖，并且二者的连接也依赖对外部环境和内部环境的分析。因此，本部分也将借鉴该框架来分析权变理论对营运资本动态调整的影响。

首先是路径依赖。企业的任何一种财务状况，包括营运资本都不是突然实现的，其所表现出来的某种状态必然依赖于其过去的状态。诺思（1990）认为在路径发展过程中，历史因素和偶然因素共同起着决定性的作用。以往的历史状况必然会反馈到当期决策。由于有路径依赖的存在，企业对营运资本的调整将不再是盲目的、随机的。一方面，营运资本进行动态调整的起点是上一期的结果，并且在当期进行调整时将充分地考虑历史因素，企业在过去采取的财务政策将会得到一定的延续。另一方面，当企业面临重大发展节点时，也会结合当时的内外部环境更改财务政策，此时偶然因素将会得到更多的体现。从包括营运资本在内的企业财务状况进行动态调整的过程可以看出，企业既需要通过路径依赖来达到最优的财务状况，与此同时，达到最优财务状况的目标也会反馈到企业进行路径选择的过程中。

其次是外部环境。对于企业而言，其外部环境包括宏观环境与行业环境两方面。对于企业进行的营运资本动态调整而言，相关的外部环境对其有更为显著的影响力。在宏观环境方面，由于营运资本可以在一定程度上代表企业的流动性，因此政府出台的货币政策将与其密切相关。当政府实施紧缩的货币政策时，企业融资面临着更大的困难，其流动性也会受到较大的影响，此时企业对营运资本调整的能力也将被削弱，调整到最优状态也将面临更大的困难。与此相反，当政府实施宽松的货币政策时，企业调整营运资本的能力也会得到适度提高。从行业层面考虑，行业生命周期以及行业供应链特征是两个重要方面。当一个行业处于发展期时，其能够通过销售获得更为充沛的现金等流动资产，其对营运资本的调整能力也会得到提升。而当一个行业处于衰退期时，其财务状况也会变得紧张，企业能够调动的资源和能够使用的能力也将受到一定的限制。从整个行业供应链来看，当企业处于竞争优势地位时，其无论对供应商还是客户都具有更大的影响力，利用此有利地位进行营运资本管理也更为容易。而如果企业在供应链中处于劣势地位，那么其对营运资本的调整则会比较被动。

　　再次是内部环境。对企业财务政策产生影响的内部因素包括企业战略、组织结构、权力分配、治理机制等。相较于外部因素，内部因素对企业营运资本动态调整具有两方面的显著特征。一方面是内部因素对于企业而言通常是可控的，当企业面临外部环境变动时，往往也会主动对这些内部因素进行适度的调整，以使得企业整体更符合外部环境的要求。另一方面则是内部因素对营运资本调整的影响更为直接。从公司治理的角度对营运资本动态调整来看，营运资本的调整属于管理层行为，公司治理的各方面机制会对其产生不同影响。公司股权结构决定了大股东对公司的控制程度，当大股东持股比例过高抑或是缺少其他股东制衡时，其可能会迫使管理层做出更符合其个人利益的管理行为，侵害其他股东权益。当公司的董事会建立得更为完善时，其能够代表所有股东来监督和约束管理层行为，使其在对营运资本进行动态调整的过程中，更充分地考虑到各方的利益，改变在成本效益权衡中的各自比重。对高管层进行的薪酬激励同样构成公司治理的重要机制，并且其也会通过将管理层的利益与企业整体利益挂钩的方式，减小其在对营运资本进行动态调整过程中的代理问题。

　　最后是可持续发展。可持续发展的目标是联合国最先倡导的，中国政府也对此进行过积极的表述。世界上的每一个个体或是组织都应该为可持续发展努力。可持续发展不单单强调"量"上的发展，更要注重"质"上的可持续。对于企业而言，可持续发展可具体到保持财务状况的持续、稳健，并努力争取价值的不断提高。企业对营运资本的高效管理，使其能够维持在最优的状况之下，也可以助力该目标的实现。

　　综上所述，营运资本是企业重要的财务资源，由于其组成内容通常都具有流动性较强的特点，因此对其加以管理能够为企业的流动性提供一定的保障。此外，营运资本还包括"应收/应付"项目，这类资产也能够反映出企业与供应商和客户之间的信任关系，在这个意义上，营运资本的管理水平也能够折射出企业在整个供应链上的地位。具体到本书所研究的营运资本动态调整的问题上，除了需要利用权衡理论来考虑营运资本调整过程中的成本效益比较问题，以及在管理者与所有者之间的代理问题之外，更需要将管理层进行营运资本管理时所面临的环境因素考虑在内。本书将选择公司治理这一微观视角，利用权变理论对其如何影响营运资本动态调整加以分析，以期检验出在公司治理各种机制具有不同特征时，营运资本的调整速度以及偏离程度会发生何种变化。

# 3.4　本章小结

本章以权衡理论作为研究的基础，对静态权衡理论和动态权衡理论进行了全面的分析和回顾，并以动态权衡理论为基础将委托代理理论和权变理论纳入本书的理论分析体系中来，构建营运资本的动态分析体系。依据动态权衡理论，企业对营运资本的决策需要在预防性动机和利用性动机二者中进行权衡。当企业遇到具有突发性和偶然性的不利冲击时，营运资本可以帮助企业规避可能出现的财务风险，保证企业的正常平稳运行；而当企业面临有利的投资机会时，营运资本又可以帮助企业及时调动优势资源，保证企业有能力抓住有利的投资机会，使企业在激烈的市场竞争之中处于优势地位，为企业提供资金上的支持。企业出于预防和利用动机对营运资本进行权衡来决定其当期的营运资本水平，这符合动态权衡理论的内涵，即根据动态权衡理论，企业应当存在目标营运资本。并且由于外部环境处于不断变化的过程中，企业需要根据自身的经营状况和财务状况进行不断的调节以适应这种变化，这就使得企业的营运资本不可能一直保持在目标水平上，会出现不断偏离其目标水平的情况，需要企业对其调整。在此基础上，通过对两类代理问题的分析可以看出，制度成本主要来源于资本市场的摩擦和企业内部公司治理机制的相对落后。这就需要一套解决公司各种代理问题的制衡机制，用以保障企业生产经营决策的正确性，从而形成控制权运作过程中各种要素的集合，保证财务决策的有效性。从权变角度分析，企业随时面临瞬息万变的内外部环境，从路径依赖、外部环境、内部环境以及可持续发展四个方面看，静态权衡理论已不适用于现代企业，这进一步肯定了动态权衡理论的必要性。通过本章对营运资本动态调整的前提和调整过程相关理论的深入分析，为后续营运资本动态调整的实证研究奠定了理论基础。

# 第 4 章

# 目标营运资本存在性的
# 实证检验

　　营运资本动态调整研究的逻辑起点在于证明目标营运资本以及公司向该目标进行调整的行为的存在，这表明公司的营运资本运动并非随机且杂乱无章的，而是围绕一定的目标区间不断动态调整无限趋近。根据前面的文献梳理可知，营运资本不仅能够起到流动性预防功能，保障公司资金链的稳定性，而且能够通过扩大销售信用额度、增加存货的方式来促进销售收入的增长、增加市场份额以及抵御外部需求波动的影响。但是过高的营运资本持有水平通常伴随着资金回收过慢、周转效率较低等问题，影响公司的盈利能力。因此，公司应当存在最优营运资本水平使其在这两种效应之间取得平衡。同时，公司的营运资本持有水平并非是一蹴而就的决策，从连续多期视角下观察营运资本的运动，应当能够发现其围绕目标营运资本而不断动态调整的行为。本章以权衡理论为理论基础，结合前面相关文献综述，对目标营运资本以及动态调整行为的存在性进行规范分析与实证检验，以期为后续章节营运资本调整速度与偏离程度的研究奠定基础。本章第一节首先通过理论分析提出研究假设；第二节根据假设设计研究方案，主要从样本选取、变量设置和模型设定三个角度展开，并分别通过一阶自回归模型、目标营运资本拟合模型和局部调整模型对假设进行检验；第三节为实证研究结果分析，分别对以上三个模型进行实证检验；第四节为稳健性检验，以保证结论的可靠性；第五节为本章小结，对本章研究进行总结并与已有研究进行对比分析。

# 4.1 理论分析与研究假设

营运资本是企业短期财务管理的重要内容，在完美资本市场中，MM定理表明无论企业如何进行短期财务决策都不会影响其价值。而在现实中，营运资本的增加意味着企业现金流投资的减少，营运资本通过影响企业的自由现金流会改变企业的价值（伯克和德马佐，2009），市场摩擦的存在使得短期财务决策影响了企业的价值。因此，企业会通过识别市场摩擦，分析如何进行短期财务决策从而有效调整营运资本，实现企业价值的最大化。依据权衡理论的思想，静态权衡理论指出企业为达到价值最大不仅需要考虑负债带来的节税利益，而且需要考虑负债的财务危机成本。此时，企业的最优负债融资额决定于负债的边际破产成本和边际避税收益。然而，静态权衡理论仅关注单期决策，而没有考虑到目标值的调整。因此，一个自然的延伸就是考虑多期决策，即动态权衡理论。动态权衡理论认为由于市场摩擦的存在，调整成本会使得企业任其营运资本在一个区间内变动，只有偏离最优值较大或者调整收益大于调整成本时，企业才会调整其营运资本；企业的营运资本仅在某些时期处于最优，而在其他大部分时间里偏离最优水平。基于动态权衡理论分析，本书提出企业存在目标营运资本的假设。

关于目标营运资本的研究最早可追溯到史密斯（1980），其提出营运资本会对公司的收益和风险产生重要影响，从而影响公司业绩。不可否认，确定并调整至一个合理的营运资本水平，是公司进行短期财务决策的基础。但是，理论界对于目标营运资本保持在何种水平存在争议。有的学者认为持有较高的营运资本能够增加公司业绩，因为持有较多的存货，可以减少由于中断生产、产品短缺带来的销售下降、价格波动等风险的影响；并且信用销售可以作为一种有效的促销方式，进而提高销售增长率（布伦南等，1988；彼得森和拉扬，1997）。还有一些学者认为持有较高的营运资本会降低公司业绩。斯泰恩等（2002）通过考察营运资本与公司业绩之间的关系，提出如果一家公司过度依赖于非现金营运资本的扩张提高销售增长率，那么来自经营活动的现金流量的增长将远远慢于税后净利的增长，这将增加公司的破产风险，使得企业成为被收购的目标，因此高增长并不是公司取得成功的唯一手段。同样，中国学者的研究也支持了这一观点，陈妍（2004）以电力公司为样本进行实证分析发现，电力上市公司的业绩和流动资产的比例呈反向关系，即流动资产比例越高，公司业绩越差；相反，固定资产的比例越高，公司业绩越好。汪平和闫甜（2007）以 1995～2004 年所有沪深两市 A 股上市制造业公司为样本，对制造业上市公司营运资本与业绩之间的关系进行实证分析。研究发现，由于应收账款和存货的现金创造能力较弱，而中国制造业上市公司流动资产中的应收账款和存货占总资产的比例很高，削弱了公司经营活动创造现金流量的能力，且公司营运资本的流动负债融资比重较高，这加大了上市公司所面临的财务风险，进而对公司业绩产生了负面的影响。因此，过高的营运资本会影响企业业绩的增长，当企业营运资本较高时适度降低营运资本在总资产中的比重，将更多的资金用于长期投资，能够创造更大的现金流。

随着研究内容的不断深入，近年来国外在营运资本研究领域的发展趋势是认为营运资本与公司业绩之间存在非线性关系，即企业的目标营运资本应当在一个中间值范围内。本书从三个角度对此进行分析。

首先，从风险和收益的角度来看，马科维茨（1952）的分散投资与效率组合投资理论第一次以严谨的数理工具为手段向人们展示了一个风险厌恶的投资者在众多风险资产中如何构建最优资产组合的方法。风险和收益是相伴而生的，公司管理者希望能够尽可能地过滤风险，留住收益，因此需要在流动性和盈利性二者之间进行权衡，寻找到风险与收益的最佳结合点。而营运资本会对公司的收益和风险产生重要影响（史密斯，1980）。这是由于，一方面营运资本具有抵抗风险、避免短期资金链断裂的能力，公司保持一定的营运资本可以降低破产的风险。另一方面，营运资本的盈利能力较低，过多地持有营运资本虽然降低了风险，但是会导致公司资金的使用效率降低，无法达到理想的收益水平。因此，风险和收益的权衡结果是公司会存在一个目标营运资本。如果仅从收益角度探讨，虽然营运资本低会增加盈利能力，但是从理论上说由于营运资本是保证公司生产需要的一部分资金，所以保持一定的营运资本会使得生产经营更加顺利，从而增加公司的业绩。因此理论上会存在目标营运资本。

其次，从成本和收益的角度来看，一方面，增加营运资本意味着可以获得由提前支付享受的购买折扣和由宽松的信用政策带来的销售增长，具体表现形式为提高现金、存货和应收账款的周转速度，尽量减少资金的过分占用，降低资金占用成本，或者利用商业信用，解决资金短期周转困难，因此营运资本与公司业绩之间存在正向的关系；另一方面，营运资本主要衡量的是短期偿债能力，其金额越大，代表该公司或企业对于支付义务的准备越充足，短期偿债能力越好。但是，保持较高的营运资本也意味着公司的现金被"困"在营运资本之中，说明资产利用率较低，阻碍公司对其他增值项目的投资，因此营运资本与公司业绩之间存在反向的关系。

最后，从营运资本的管理策略角度分析，中国目前大多数公司采取的是中庸型营运资本的管理策略（刘运国，2001），而非激进型或者保守型，公司会控制营运资本在一个特定的范围内波动，避免营运资本在某一经营周期内出现严重的偏离，以保证公司的长久稳定发展，这在一定程度上表明，中庸型营运资本的管理策略符合中国公司的实际情况。因此，从理论上分析，过高或者过低地持有营运资本都不能使得公司的业绩达到最优。最优的状态是在一个中间值范围内发生变化。

许多已有文献证实营运资本具有行业特性。如亚当等（2007）认为行业特征（如竞争程度、需求弹性、生产效率等）会导致不同行业间的公司财务行为存在显著的差异。古容等（2008）指出每个行业都具有与其他行业不同的特征，这些行业特征因素是上市公司重要的外部影响因素，从而会对公司的经营管理产生影响。费尔贝克和克鲁格（2005）通过研究发现，行业间的营运资本存在着很大的不同。刘翰林（2006）运用方差分析的方法，以上证180指数成分股为研究对象，利用其2004～2005年间的数据，指出行业对营运资本的影响比较复杂，并不是通过某一种单一方式进行的。吴娜和韩传模（2010）运用 one-way ANOVA 和 Tukey's HSD 检验方法对中国沪深两市 2003～2006 年 1050 家公司的营运资本投资和融资策略进行了分行业考察，研究发现不同行业的营运资本投融资策略的激进度有显著的差别，且不同行业的营运资本投资策略激进度的差异显著大于营运资本融资策略的差异。在此基础上，吴娜（2012）以 2007～2010 年中国 18 个行业的 1158 家上市公司作为研究对象，进一步对造成中国营运资本行业间差异的原因进行了分析。吴娜认为信贷规模约束、股市收益率、贷款利率、股权扩容规模约束等宏观供给面因素会对中国公司营运资本的策略造成影响，其研究结果表明，公司外部因素对不同行业公司的营运资本均有显著的影响，但其影响程度在不同行业间存在差异，并且这是行业间存在的普遍现象。就行业内部而言，欧普勒等（1999）、彭桃英和周伟（2006）、屈耀辉（2006）、连玉君等（2011）的研究表明，公司会在权衡利弊的基础上确定现金持有量的目标值。在均衡状态下，行业内多数公司的现金持有量将非常接近，表现为向某个数值收敛。如昂布丹（2006）建立了一个两阶段模型，研究表明公司的现金持有决策与对手的策略密切关联。当现金持有过低而面临流动性约束时，公司可能被迫低价售出资产，而现金持有较多的竞争对手则可以通过收购这些资产而获益。弗雷泽（2009）为上述理论预期提供了经验支持，发现增持现金有利于公司在后续经营中攫取竞争对手的市场份额。现金持有量在行业内表现为收敛于某个数值的现象为本书探讨目标营运资本提供了一个思路，同时实证研究的结果也为本书营运资本调整速度的横向数据比较提供了依据。由于营运资本也表现出在不同行业间存在显著差异，本书以制造业上市公司为研究样本，考察其是否存在目标营运资本，并分析营运资本是否向目标值进行动态调整。

综上所述，本书提出假设 4.1。

假设 4.1：公司存在目标营运资本，且公司的营运资本会向目标值进行动态调整。

# 4.2 研究设计

## 4.2.1 样本选取

（1）数据来源

本书以在中国沪深两市上市的 A 股制造业公司为样本，目的是避免行业的巨大差异对公司营运资本调整产生的影响，主要使用的数据包括上市公司相关财务报表信息，数据均来自深圳国泰安信息技术有限公司与香港理工大学相互合作的中国股票市场研究数据库（CSMAR），即国泰安数据库。本书以中国证监会 2001 年发布的《上市公司行业分类指引》为依据对上市公司进行相应的行业划分。

（2）时间窗口

为了观察上市公司营运资本在连续多期视角下的调整行为，同时由于公司治理数据库始建于 1999 年，考虑到数据的可获得性和各章数据的可比性，本书选取 2000～2015 年作为实证检验的时间窗口。

（3）样本筛选

本书对样本进行了以下筛选：

第一，本书选取 2000～2015 年沪深两市的 A 股制造业上市公司，剔除该区间内被执行 ST 或 *ST 的样本，排除非正常经营样本对实证研究的干扰；

第二，为避免交叉上市对公司治理水平与营运资本持有水平的影响，本书将同时发行 B 股或 H 股的上市公司从样本中剔除；

第三，为避免缺失值的影响，剔除相关数据缺失的样本。

经上述处理后，本书选取了包含 1061 家公司 8701 个观测值的非平衡面板数据作为研究对象，为进一步消除离群值的影响，对主要变量进行了 1% 水平的 Winsorized 处理。本书的所有数据处理均借助 Stata13.0 完成。

## 4.2.2　变量定义

（1）营运资本的定义

根据本书 1.2 节对营运资本概念界定的梳理总结，营运资本作为公司投入并维持其日常经营活动的资本，其定义方式主要有四种：①将营运资本定义为流动资产超出流动负债的余额（柯林斯，1945；古特曼和道格尔，1948），这种定义方式的优点在于通过对公司流动资产使用情况与流动负债筹措现状的对比，能够较为便捷地反映公司的短期偿债能力，体现出流动资产与流动负债的配比关系。而这种定义方式的缺点则在于包含较多与公司实际经营活动无关的项目，如现金、交易性金融资产、应付利息等，这些项目属于投资和筹资活动的范畴，而管理目标也与营运资本有着显著差异。因此将其纳入营运资本范畴一方面会造成营运资本管理目标的模糊化，另一方面也不利于对营运资本管理实质的研究。②将营运资本定义为流动性运营需求与流动性运营资源之间的差额（舒尔曼和考克斯，1985；邱和程，2006），以衡量公司维持日常经营所需的营运资本数量，计算方式为"应收账款＋存款＋预付账款－应付账款－净利润"，这种定义方式使用较少，而且由于包含净利润（Net Accruals）项目，使得营运资本的范畴较为模糊。王治安和吴娜（2007）则在此基础上结合中国实际情况以及营运资本的传统概念使用内涵较为明确的营运资本定义方式，即"营运资本＝应收款项＋预付款项＋存货－应付款项－预收款项"。这种定义的前提是将公司的营运资本分为经营性营运资本和理财性营运资本，其中理财性营运资本包括营运资本投资和筹资活动产生的相关收益和费用（王竹泉和王苑琢，2013）。将理财性营运资本从营运资本范畴中剔除，能够更好地反映公司经营活动的营运资本运营情况。该定义的缺点在于计算项目较多且复杂，国际研究中使用较少，不利于与国际的营运资本研究对比。③将营运资本定义为应收账款＋存货－应付账款（希尔等，2010），该种定义是对舒尔曼和考克斯（1985）定义的进一步修正，优点在于一方面计算简单，有利于概念的统一与使用，且国外学者对其接受程度较高，使用较为广泛，便于营运资本研究的国际对比；另一方面抓住了公司经营性营运资本的核心组成部分，有利于研究者把握营运资本的研究脉络并明确研究重点，为公司提供加强营运资本管理的有效路径。缺点则在于计算项目过少，对营运资本研究的覆盖面较窄。④将营运资本定义为经营性资产与因营业活动（包括经营活动和投资活动）而产生负债（既有长期负债又有短期负债）之间的差额（王竹泉和孙莹，2010），也即公司在营业活动中的净投入或净融通的流动资金（王竹泉等，2014）。这种定义方式放弃了传统的从资金流动性视角对营运资本的界定，转而从营运资本运动方向的角度考察不同营业活动中资金的使用与筹措。其前提是对公司经营活动、投资活动和筹资活动营运资本的划分，优点在于能够较好地与传统的营运资本概念衔接，有利于对资金管理的整体性和协调性进行综合考量，体现财务、业务一体化的新理念，缺点则在于一方面计算较为复杂，需要对传统的报表项目根据资金使用活动进行重分类，另一方面与国外研究较为脱节，且使用广度和接受程度较低，客观上造成了营运资本研究的可比性较小。

综上所述，通过对四种现有营运资本的定义进行总结，考虑到营运资本概念范畴与公司实际经营活动的相关程度、定义的接受程度以及国际研究的可对比性，本书采用第三种定义作为营运资本度量指标，同时为了保持公司间营运资本数据的横向可比性，本书将其进行比率化处理以衡量公司营运资本的持有水平。在稳健性检验中本书使用第一种和第二种定义，以保证研究结论的可靠性和稳定性，具体定义方式如表4.1所示。

表4.1　　　　　　　　　　　营运资本定义方式

| 变量含义 | 变量 | 计算方法 |
|---|---|---|
| 营运资本 | NWC | （应收账款＋存货－应付账款）/营业收入 |
| 营运资本 | NWC2 | （流动资产－流动负债）/营业收入 |
| 营运资本 | NWC3 | ［（应收账款＋应收票据＋部分其他应收款＋预付账款＋存货）－（应付票据＋应付账款＋预收账款＋应付职工薪酬＋应交税费＋部分其他应付款）］/营业收入 |

（2）目标营运资本的估计变量

在企业预防和适应经营环境变化的过程中，营运资本能够为企业及时地提供财务资源上的保障。伴随着营运资本研究的不断深入和发展，营运资本的价值逐步得到理论界和实务界的共同关注，企业已经逐步意识到调整营运资本的重要性。但是营运资本的调整并不是恒定不变的。现有研究表明，营运资本会受到企业内部资源、外部融资成本、资本市场准入、企业谈判能力和盈利能力等多方面因素的影响（希尔等，2010；巴尼奥斯等，2010；吴娜，2013；穆罕默德等，2015）。为了合理估计出目标营运资本，本书在已有研究基础上，将目标营运资本的决定因素归纳为如下方面：

① 经营性现金流量。

由于企业与投资者间信息不对称的存在，外部投资者会普遍要求较高的投资回报率，进而加大企业的外部融资成本，因此根据啄食顺序理论，企业会优先选择内部融资（梅尔斯，1984）。而企业内部融资能力的大小则与其现金流量息息相关，现金流量越大代表企业产生内部资源的能力越强。已有研究表明，拥有较高经营性现金流量的企业会采取更为保守的营运资本管理策略，以便于助长未来期间的销售增长（希尔等，2010）。而当经营性现金流量增加时，企业的营运资本管理效率也随之提高（邱和程，2006）。洛夫等（2010）用新兴市场样本验证了营运资本与现金流量的直接关系，因此本书将现金流量纳入目标营运资本的估计模型中。

② 成长性。

公司业绩的成长性会影响营运资本，但二者的关系却是十分复杂的，存在潜在的内生性问题。为了解决这一问题，学者们通常研究滞后一期的营业收入增长对营运资本的影响（洛夫等，2010；莫利纳和普雷韦，2009）。当企业拥有较高的营业收入增长率时，企业会因已经达到目标营业收入而采取紧缩的信贷政策（莫利纳和普雷韦，2009），从而导致应收账款数额的降低。而企业应付账款的数额则与营业收入增长呈正相关关系（彼得森和拉扬，1997；德洛夫和杰格斯，1999）。由于营运资本受应收账款、应付账款和存货三者的共同影响，在营业收入增长对库存的影响不显著的情况下，营业收入的提升会降低企业的营运资本。

③ 盈利能力。

吴（2001）发现企业的经营业绩与营运资本存在相互作用关系，一方面，营运资本管理水平的提高会优化企业业绩；另一方面，企业盈利能力会降低营运资本，提高营运资本管理效率。一则是因为经营业绩较好的企业外部融资渠道较为通畅便易（邱和程，2006），二则盈利能力强的企业一般处于市场领先地位，在与供应商和客户的交易中拥有较强的议价能力（夏因和索能，1998）。彼得森和拉扬（1997）的研究发现，相对于经营业绩差的企业，盈利能力强的企业从供应商那里得到了更多的信用额度。巴尼奥斯等（2010）的研究也验证了盈利能力与营运资本间的负向关系。

④ 公司规模。

首先，规模较小的企业具有更高的信息不对称（乔丹等，1998；伯杰等，2001）和更低的信息透明度（伯杰和乌代尔，1998），这会导致小规模企业面临更大的融资成本。其次，大企业更趋向于多元化经营，这在一定程度上分散了其经营风险。而小规模企业因其自身资源的限制主营业务较为单一，面临更大的破产可能性，这在一定程度上会影响到其信贷交易（彼得森和拉扬，1997；尼斯卡南，2006）。综上所述，企业规模的扩大会增加企业的营运资本。

⑤ 市账比。

公司的市账比（市值/总资产账面价值）与营运资本存在负相关关系，原因在于：一方面，市账比可以衡量公司与资本市场的信息不对称程度，当公司面临严重的信息不对称时，其外部融资成本较高，因而更倾向保持较高的营运资本以缓解资金短期问题；另一方面，高市账比的公司一般投资机会较多，通常情况下公司会通过减少营运资本，以抽调资金投入盈利性高的项目中，从而使得营运资本持有水平较低。因此本书使用滞后一期的市账比作为衡量公司信息不对称的指标。

⑥ 财务困境。

公司财务困境对营运资本存在显著的负向作用，原因在于处于财务困境的公司缺乏融资渠道和现金生产能力，因此通常会削减营运资本投入（希尔，2010）。可以看到，当企业现有资产价值不足以偿还负债价值或企业经营现金流量不足以补偿现有债务（包括利息、应付账款等），就会出现经营不善。在这种情况下，公司可能会面临破产和重组两种后果。企业现有资产价值不足以偿还负债价值是指资本收益能力的绝对低下，因此破产是其必然后果。企业经营现金流量不足以补偿现有债务可能反映资本流动能力的相对低下，可以通过一系列非常行动使企业免于破产，维持企业继续经营的能力。莫利纳和普雷韦（2008）指出，一个公司必须满足两个条件才可认定为财务困境：一是公司难以支付到期需偿还的利息；二是公司的资本结构存在过度杠杆化的问题。本书参照希尔（2010）的做法，使用息税前利润减去利息支出衡量公司能否顺利偿还到期利息，使用公司杠杆率是否处于所在行业的前 20% 衡量公司是否存在过度杠杆的问题。

⑦ 融资成本。

由于企业与投资者之间信息不对称的存在，外部投资者会普遍要求较高的投资回报率，进而加大企业的外部融资成本，因此根据啄食顺序理论，企业会优先选择内部融资（梅尔斯和迈基里夫，1984）。信息透明度较低的企业在进行外部融资时需要支付更高的借款利率，从而产生较高的外部融资成本。因此，信息不对称程度的加深和外部融资成本的提高会降低企业的营运资本。本书参考吴娜（2013）的做法，使用"财务费用/（负债－应付账款）"作为衡量融资成本的指标。

⑧ 固定资产占比。

有形资产作为企业资产构成的一项重要组成部分，一方面是企业经济实力的重要体现，同时也可以为企业的经济效益提供有效的资源保障。企业的有形资产越多，表明企业可供抵押的资产也就越多，当企业的资金需求出现缺口时，有形资产能够为企业的外部债务融资提供强有力的担保。固定资产作为一种实物形态的企业资产，使得外部债权人可以对其价值进行有效的市场评估，帮助债权人对企业的经营状况和偿债能力做出更为准确的判断，降低了贷款人回收资金的风险，保护了债权人的利益。相反，无形资产由于受到信息不对称等因素的干扰，外部投资者很难对其价值进行有效的评估，其实际值可能会与估计值之间形成较为严重的偏差，导致贷款人的资金无法得到有效的安全保证。因此，债权人在进行资金借贷时，从自身的实际利益出发，往往会倾向于选择那些有形资产比例较高的企业，使得有形资产比重较高的企业拥有更强的债务融资能力，企业的外部融资成本也会相对降低（斯科特，1977；利思和斯科特，1989）。另外，有形资产的物质性决定了其较强的可变现能力。当企业遇到外部环境的不利冲击，陷入财务困境时，可以通过变卖处理一定的有形资产，使企业能够及时筹措到所需的资金，有效降低企业出现资金流断裂的可能性，帮助企业顺利渡过难关，是企业内源融资的一种重要补充方式。本书借鉴拉扬和津加莱斯（1995）的研究方法，采用固定资产占总资产的比重来作为资产有形性的代理变量。

⑨ 经济周期。

经济周期的不确定性是影响公司营运资本的一个重要因素，同时不同行业或不同业务性质的公司应对宏观经济波动时所采用的营运资本策略也不尽相同。吴娜（2013）利用中国制造业上市公司数据验证了经济周期和融资约束对营运资本动态调整的影响，她以 GDP 增长率为标准，将 2000～2007 年划分为经济上行期，将 2008～2011 年划分为经济下行期，从宏观层面的经济周期和微观层面的融资约束对营运资本调整速度的影响进行了论述，研究发现经济周期与公司营运资本的调整速度负相关，而融资约束会加速营运资本的调整。本书在参考吴娜（2013）所选用方法的基础上对其进行了改进，采用年度 GDP 的同比增长率作为经济周期的衡量指标。

⑩ 货币政策。

货币发行量与营运资本之间存在显著的正相关关系，具体来说，当国家的货币政策较为宽松时，公司更易借助债务融资缓解偿债压力，此时公司多采用较为激进的财务决策，即减少营运资本持有水平同时提高资产负债率。于博（2013）认为在宽松的货币政策下，一方面由于市场的信贷供给充足，使得公司的融资约束状况得到缓解，从而提高公司的现金流水平；另一方面，宽松的货币环境有助于改善公司上下游资金链状况，通过降低库存与加快资金回收提升公司的现金流水平。而现金流水平的提高，会缓解公司的固定资产投资与营运资本之间的竞争程度，从而"平滑"公司的营运资本，提高其短期偿债能力。吴娜和孙宇（2013）认为货币政策对处于不同行业的公司的影响节点和程度存在差异，尤其对于需要不断扩大再生产的钢铁公司来说，其营运资本受到货币政策的影响更大。

变量定义表如表 4.2 所示。

**表 4.2**　　　　　　　　　　　　　**目标营运资本估计变量定义**

| 变量含义 | 变量 | 计算方法 |
|---|---|---|
| 经营性现金流量 | *OCF* | 经营活动现金流量/总资产 |
| 成长性 | *GROWTH* | （当期营业收入 - 上期营业收入）/上期营业收入 |
| 盈利能力 | *REVN* | 息税前利润/营业收入 |
| 公司规模 | *SIZE* | ln（总资产） |
| 市账比 | *M/B* | 市值/总资产账面价值 |
| 财务困境 | *FD* | 以下两个条件同时满足则 FD 取值为 1，否则为 0：①公司杠杆率处于所在行业的前 20%；②EBIT_DA 小于利息支出 |
| 融资成本 | *FCOST* | 财务费用/（负债 - 应付账款） |
| 固定资产占比 | *FA* | 固定资产/总资产 |
| 经济周期 | *GDP_Growth* | 年度国内生产总值的同比增长率 |
| 货币政策 | *MP* | 年度广义货币供给量 M2 的同比增长率 |

### 4.2.3　模型设定

（1）均值回归模型

关于目标营运资本的存在，现有研究仅从营运资本与公司业绩的角度出发，通过证明两者之间的倒"U"型关系，验证最优营运资本的存在。这种方法仅考察了营运资本与公司业绩的总体关系，将营运资本视为公司的静态决策，无法从动态的营运资本运动角度证明目标营运资本的存在以及公司营运资本向该目标趋近的动态调整行为的存在。本书借鉴欧普勒（1999）的均值回归模型，建立营运资本的一阶自回归模型，即式（4.1），以初步考察公司是否存在目标营运资本。

$$\Delta NWC_{it} = \alpha + \beta \Delta NWC_{it-1} + \varepsilon_{it} \qquad (4.1)$$

式（4.1）中，若 $\beta$ 显著为负，证明公司的营运资本存在系统性的"均值回复"（mean reverting）现象，表明公司倾向于将营运资本维持在一定的范围内，避免其波动过大而超出一定的范围，从而接受目标营运资本的存在性假设。若 $\beta$ 显著为正，则公司的营运资本不存在"均值回复"特征，说明公司不存在目标营运资本。

（2）目标营运资本估计模型

在初步证明公司存在目标营运资本之后，还需要从动态调整的角度考察营运资本是否存在向目标趋近的行为调整过程，此时则需要对目标营运资本进行估计。而由于公司的目标营运资本是不可观测的，现有研究通常采用三种方法对其进行估计：用行业平均值或中位数代替目标营运资本、用公司在一定的历史时期内的营运资本平均值代替目标营运资本、通过对一系列影响目标营运资本的因素的回归分析估计公司的目标营运资本。相比较而言，前两种方法计算较为简单，在理论上也具有一定的解释力和可操作性，但是从整个行业的角度估计目标营运资本，缺乏对公司个体特征的考虑，容易以偏概全导致较大的估计偏差。而公司在一定的历史时期内的营运资本平均值代替目标营运资本，则与公司当期的营运资本存在的一定的相关性，容易造成模型的多重共线性。而且该方法会受到公司上市年限等因素的影响，如果公司上市年限较短，则其短期内的营运资本并不能代表公司的目标营运资本。从动态权衡的角度来看，公司的营运资本持有策略是随着公司内外部经营环境的变化而变化的，是公司在相关持有收益与相关持有成本之间权衡的结果。因此，公司的目标营运资本并不是一个固定值，而应当是对公司经营环境的动态反映。

基于以上分析，本书借鉴法玛和弗伦奇（2002）对目标值的估算方法，选用第三种方法估算目标营运资本，构建出式（4.2）和式（4.3），通过对影响营运资本的一系列关键因素的回归分析，估计公司的目标营运资本持有水平。

$$NWC_{it} = \alpha + \beta X_{it-1} + \varepsilon_{it} \tag{4.2}$$

$$NWC_{it}^* = \hat{\alpha} + \hat{\beta} X_{it-1} \tag{4.3}$$

式（4.2）中 $NWC_{it}$ 表示公司 $i$ 在 $t$ 时期的营运资本持有水平，$X_{it-1}$ 表示一系列影响公司营运资本持有水平的因素的滞后值，包括经营性现金流量、成长性、盈利能力、公司规模、市账比、财务困境、融资成本、固定资产占比、经济周期和货币政策等指标。式（4.3）中 $NWC_{it}^*$ 表示公司 $i$ 在 $t$ 时期的目标营运资本，即根据模型式（4.2）的回归系数拟合而得。本书通过对已有营运资本影响因素的梳理总结，选取十个公司特征及宏观层面的影响因素，以避免重大变量缺失造成的目标营运资本拟合偏差，具体的变量定义与解释见本书 4.2.2 变量定义中相关论述。

（3）局部调整模型

根据营运资本的权衡理论，在完美的市场中，当营运资本偏离其目标时，导致公司无法实现最优营运资本持有，因而产生一定的偏离成本，此时公司会主动对其进行调整以将营运资本维持在目标水平上。但是现实中由于交易成本的存在，公司对营运资本的调整行为会产生相应的调整成本，从而抑制了公司营运资本调整的频率和速度，即公司仅能将营运资本向其目标进行局部调整。如果用二次函数近似表示营运资本偏离其目标的成本和向其目标调整的成本，则总成本函数可以表示为：

$$C = \phi(NWC_{it} - NWC_{it}^*)^2 + \varphi(NWC_{it} - NWC_{it-1})^2 \qquad (4.4)$$

其中，$C$ 表示营运资本调整的总成本，$(NWC_{it} - NWC_{it}^*)^2$ 衡量企业实际营运资本偏离目标营运资本的成本，$(NWC_{it} - NWC_{it-1})^2$ 衡量企业营运资本调整成本，$\phi$ 和 $\varphi$ 分别表示偏离成本和调整成本的权重。为使得损失函数最小化，对式（4.4）求关于 $NWC_{it}$ 的一阶偏导，得：

$$\frac{\partial C}{\partial NWC_{it}} = 2\phi(NWC_{it} - NWC^*) + 2\varphi(NWC_{it} - NWC_{it-1}) = 0 \qquad (4.5)$$

对上式整理得：

$$NWC_{it} - NWC_{it-1} = \frac{\phi}{\phi + \varphi}(NWC_{it}^* - NWC_{it-1}) \qquad (4.6)$$

最后得：

$$NWC_{it} - NWC_{it-1} = \lambda(NWC_{it}^* - NWC_{it-1}) \qquad (4.7)$$

经上述推导，本书构建了标准的营运资本的局部调整模型，即式（4.7），以检验公司向其目标营运资本进行调整的过程。将式（4.3）代入式（4.7），得到扩展后的局部调整模型，即式（4.8）。

$$NWC_{it} = (1 - \lambda)NWC_{it-1} + \lambda\beta X_{it-1} + \nu_i + \varepsilon_{it} \qquad (4.8)$$

式（4.7）和式（4.8）的含义是公司经营者会采取相应的对策缩小实

际营运资本（$NWC_{it}$）与目标营运资本（$\beta X_{it-1}$）的偏差。回归系数 $\lambda$ 表示公司实际营运资本与目标营运资本之间的差距在以平均每年 $\lambda$ 的速度调整，即 $\lambda$ 为营运资本趋向目标的调整速度。若 $\lambda > 0$，则表示营运资本的实际调整方向与拟调整方向相同；若 $\lambda < 0$，则表示营运资本的实际调整方向与拟调整方向相反；若 $\lambda = 1$，则公司的实际营运资本一直处于目标水平，营运资本调整为完全调整；若 $\lambda = 0$，则说明公司的实际营运资本不存在调整，表现出随机游走的状态；只有当 $0 < \lambda < 1$ 且关于（$1 - \lambda$）的 t 检验显著时，营运资本的局部调整模型才成立，证明公司存在目标营运资本且会向该目标进行调整。

# 4.3 实 证 结 果 分 析

## 4.3.1 均值回归检验

（1）描述性统计分析

为了全面了解研究期间 A 股制造业上市公司的营运资本整体水平与变化趋势，本书对营运资本进行了分年度和总体的描述性统计分析，如表4.3所示。

表4.3 营运资本的描述性统计分析

| 营运资本 $NWC$ | | | | | | |
|---|---|---|---|---|---|---|
| 年度 | 观测值 | 均值 | 中位数 | 标准差 | 最小值 | 最大值 |
| 2000 | 116 | 0.774 | 0.575 | 0.712 | 0.016 | 4.462 |
| 2001 | 353 | 0.686 | 0.479 | 0.883 | -0.003 | 8.634 |
| 2002 | 400 | 0.473 | 0.378 | 0.445 | -0.256 | 3.716 |
| 2003 | 440 | 0.612 | 0.396 | 0.847 | -0.096 | 7.306 |
| 2004 | 501 | 0.512 | 0.336 | 0.694 | -0.053 | 6.657 |
| 2005 | 505 | 0.490 | 0.338 | 0.585 | -0.113 | 4.751 |

续表

| 营运资本 NWC | | | | | |
| --- | --- | --- | --- | --- | --- |
| 年度 | 观测值 | 均值 | 中位数 | 标准差 | 最小值 | 最大值 |
| 2006 | 523 | 0.462 | 0.281 | 0.799 | -0.131 | 8.471 |
| 2007 | 545 | 0.310 | 0.235 | 0.306 | -0.213 | 2.092 |
| 2008 | 592 | 0.309 | 0.224 | 0.316 | -0.214 | 2.095 |
| 2009 | 636 | 0.315 | 0.247 | 0.330 | -0.392 | 1.871 |
| 2010 | 773 | 0.304 | 0.243 | 0.304 | -0.512 | 2.038 |
| 2011 | 903 | 0.322 | 0.264 | 0.309 | -0.190 | 2.195 |
| 2012 | 1000 | 0.342 | 0.259 | 0.359 | -0.252 | 2.708 |
| 2013 | 969 | 0.338 | 0.268 | 0.339 | -0.209 | 2.419 |
| 2014 | 966 | 0.361 | 0.275 | 0.367 | -0.252 | 2.458 |
| 2015 | 1039 | 0.382 | 0.278 | 0.416 | -0.308 | 3.094 |
| 总计 | 8701 | 0.393 | 0.280 | 0.491 | -0.512 | 8.634 |

通过对表 4.3 进行数据分析可以发现，营运资本的均值呈现缓慢下降后又上升的趋势，2000~2008 年营运资本的均值分别从 0.774、0.686 等下降到了 0.309；而 2008~2010 年营运资本的均值不是很稳定，没有延续前几年下降的趋势而是有所小幅增长后又下降，分别为 0.309、0.315 和 0.304；2010~2015 年营运资本的均值呈现出上升的趋势，从 0.304 上升到了 0.382。这表明，中国制造业上市公司 2000~2006 年的营运资本较高，但是近两年的营运资本则相对降低。原因可能在于，2008 年金融危机爆发之后，中国经济第一时间受到危机的冲击，安然、世通等案件给营运资本带来影响。因此，企业面临着巨大的生产和经营压力。外部环境波动剧烈，消费者的需求降低，购买力减弱，企业的盈利能力受到威胁，投融资环境也受到了明显的约束，此时企业出于预防动机对于营运资本的需求较大，为了更好地应对不利冲击，适应环境的突然变化，企业选择提高自身的营运资本。而近两年中国经济呈现出复苏的迹象，经济运行稳定，企业的生产经营能够得到有效的保障，因此对营运资本的需求程度也相对下降，企业调低了自身的营运资本。营运资本标准差总体呈现出逐步下降的趋势，表明中国制造企业营

运资本的水平趋于稳定，波动程度降低。各年度营运资本的最大值为 8.634，最小值为 −0.512，且波动较大，原因在于样本中营运资本的年度差异较大，为了最大限度地避免离群值对回归结果的影响，本书采用了分年度的 Winsorize 处理。

为研究营运资本的动态变化，本书选取具有 15 年连续观测值的制造业上市公司的数据作为样本，按年度对式（4.1）的营运资本变化量进行了描述性统计，通过数据分析对中国制造业上市公司营运资本的动态变化情况有一个较为直观和清晰的了解。表 4.4 报告了中国制造业上市公司营运资本增量的描述性统计分析结果。从标准差的年度变化来看，标准差差值从 2001 年的 0.448 逐渐降低至 2015 年的 0.204，说明营运资本增量的波动程度降低逐渐趋于稳定。而从均值和中位数的变化来看，则出现个别年份的正负反转，尤其是 2004 ~ 2008 年营运资本增量的均值和中位数均为负值，说明该期间内营运资本的持有水平逐年萎缩，与表 4.3 所列示的情况一致。而从最值对比来看，总体营运资本增量的最大值和最小值分别为 3.442 和 −2.993，差距较大，说明中国制造业上市公司的营运资本波动程度较大，随不同公司的战略布局、经营特征和发展状况而有显著差异。

表 4.4　　　　　　　　　营运资本增量的描述性统计分析

| 营运资本增量 $\Delta NWC$ | | | | | |
|---|---|---|---|---|---|
| 年度 | 观测值 | 均值 | 中位数 | 标准差 | 最小值 | 最大值 |
| 2001 | 102 | 0.017 | − 0.022 | 0.448 | − 1.398 | 2.168 |
| 2002 | 336 | − 0.174 | − 0.077 | 0.456 | − 2.993 | 1.674 |
| 2003 | 385 | 0.106 | 0.017 | 0.436 | − 1.362 | 3.180 |
| 2004 | 421 | − 0.051 | − 0.021 | 0.374 | − 2.860 | 1.440 |
| 2005 | 480 | − 0.006 | − 0.013 | 0.322 | − 1.817 | 2.204 |
| 2006 | 477 | − 0.048 | − 0.027 | 0.335 | − 2.927 | 2.837 |
| 2007 | 461 | − 0.087 | − 0.035 | 0.315 | − 2.572 | 1.136 |
| 2008 | 503 | − 0.006 | − 0.008 | 0.145 | − 1.040 | 1.147 |
| 2009 | 573 | 0.006 | 0 | 0.245 | − 2.460 | 1.592 |
| 2010 | 607 | − 0.007 | − 0.003 | 0.191 | − 0.999 | 2.460 |

续表

| 营运资本增量 $\Delta NWC$ | | | | | |
|---|---|---|---|---|---|
| 年度 | 观测值 | 均值 | 中位数 | 标准差 | 最小值 | 最大值 |
| 2011 | 744 | 0.019 | 0.011 | 0.206 | − 1.867 | 3.442 |
| 2012 | 892 | 0.030 | 0.010 | 0.173 | − 0.918 | 2.016 |
| 2013 | 953 | − 0.008 | 0.001 | 0.173 | − 1.500 | 0.881 |
| 2014 | 887 | 0.025 | 0.008 | 0.143 | − 0.525 | 1.419 |
| 2015 | 880 | 0.020 | 0.012 | 0.204 | − 2.230 | 1.504 |
| 总计 | 8701 | − 0.004 | − 0.001 | 0.263 | − 2.993 | 3.442 |

（2）回归结果分析

均值回归式（4.1）的检验结果如表 4.5 所示，可以看出 $\Delta NWC_{it-1}$ 的回归系数 $\beta$ 为 − 0.289 小于 0，且在 1% 水平上显著，证明了企业存在"均值回复"现象，即企业会将营运资本维持在一定范围内，初步证明了假设 4.1。

**表 4.5　　　　　　　　营运资本的均值回归检验结果**

| $\Delta NWC_{it}$ | Coef. | Std. Err. | t | P > t | [95% Conf. Interval] | |
|---|---|---|---|---|---|---|
| $\Delta NWC_{it-1}$ | − 0.289 | 0.011 | − 26.68 | 0.000 | − 0.311 | − 0.268 |
| Constant | − 0.006 | 0.003 | − 2.05 | 0.041 | − 0.012 | − 0.000 |
| Adjusted $R^2$ | 0.088 | | | | | |
| F 值 | 711.93 *** | | | | | |
| N | 7384 | | | | | |

注：*** 、 ** 、 * 分别表示在 1% 、5% 、10% 水平上显著。

图 4.1 还展示了不同公司 $\Delta NWC_{it-1}$ 的系数分布情况，可以看出大部分公司的回归系数均小于 0，同时，该系数的中位数和均值分别为 − 0.218 和 − 0.174，表明不同的企业也存在均值回归，进一步支持了假设 4.1。但是该均值回归是否属于企业机械性系统性的行为，还是企业对营运资本的主动调整尚需进一步检验。

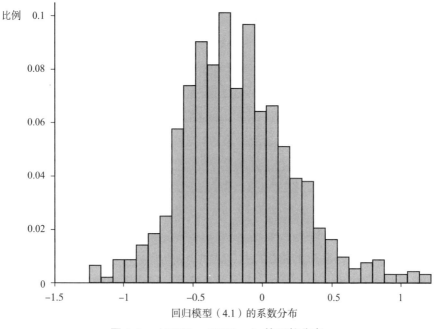

图 4.1　（$NWC_{it} - NWC_{it-1}$）的系数分布

## 4.3.2　目标营运资本估计检验

（1）描述性统计分析

在对目标营运资本估计模型进行实证检验之前，本书首先对参与拟合的各估计变量做出描述性统计分析，以初步了解各变量的分布情况，如表4.6所示。从数据的标准差来看，除了公司规模（*SIZE*）、市账比（*M/B*）和财务困境（*FD*）的标准差较大外（分别为1.317、0.730和0.395），其余变量的标准差均在0.1左右维持较低水平，说明中国制造业上市公司除了在上述三个方面有较大差异外，其他经营状况均较为相似，具有同一行业的普遍特征。就单个指标而言，可以看出：①经营活动现金流量（*OCF*）的均值为0.048，中位数为0.047，标准差为0.072，说明中国制造业上市公司的经营现金流量在总资产中所占比重较少，这也符合实际，制造业的行业特点决定其总资产比重大，经营活动现金流量少；②成长性（*GROWTH*）刻画的是营业收入增长率，均值为 0.136，中位数为 0.092，标准差为 0.249，总体上看中国制造业上市公司营业收入处于稳步增长中；③盈利能力（REVN）的均值为 0.080，中位数为 0.085，标准差为 0.186，最大值为 0.692，最大值和均值之间差距较大，说明制造业上市公司的收入分布差别较大；④公司规模（SIZE）差异较大，最小值和最大值分别为 16.757 和 25.018，表明制造业上市公司在总资产规模上存在较大差异；⑤市账比（M/B）同样随公司自身经营战略和发展状况而显著不同，总体来看其均值和中位数分别为 0.895 和 0.674，均小于 1，且均值大于中位数，数据呈现右偏的状态，说明制造业上市公司的市场估值普遍小于其账面价值，且 50% 的公司市账比小于 0.674；⑥财务困境（FD）指标为哑变量，其均值和中位数分别为 0.194 和 0，表明陷入财务困境的公司占总量的比例较低，具体而言处于财务困境的公司有 1685 家，占总公司数量的比例为 19.37%；⑦从融资成本（FCOST）来看，其均值和中位数分别为 0.015 和 0.028，与吴娜（2013）的计算结果相近（0.024 和 0.028），且波动程度较小，表明不同公司的融资成本基本持平；⑧制造业上市公司的固定资产占总资产的比重（FA）基本维持在 28.4% 左右，比吴娜（2013）计算的 2001～2011 年区间内的平均水平（30.1%）略低，符合一般制造业公司的有形资产占比；⑨经济周期（GDP_Growth）的最大值和最小值分别为 0.142 和 0.069，标准差仅为 0.019，表明样本选取期间内中国的 GDP 保持了较为稳定的增长；⑩相比而言，2000～2015 年中国的货币政策（MP）较为宽松，广义货币（M2）供给增速基本维持在 16.1% 的水平上。

表 4.6　目标营运资本估计变量的描述性统计分析

| 变量 | 观测值 | 均值 | 中位数 | 标准差 | 最小值 | 最大值 |
|---|---|---|---|---|---|---|
| OCF | 8701 | 0.048 | 0.047 | 0.072 | -0.220 | 0.281 |
| GROWTH | 8701 | 0.136 | 0.092 | 0.249 | -0.391 | 2.458 |
| REVN | 8701 | 0.080 | 0.085 | 0.186 | -1.464 | 0.692 |
| SIZE | 8701 | 21.077 | 21.019 | 1.317 | 16.757 | 25.018 |
| M/B | 8701 | 0.895 | 0.674 | 0.730 | 0.081 | 4.492 |

续表

| 变量 | 观测值 | 均值 | 中位数 | 标准差 | 最小值 | 最大值 |
|---|---|---|---|---|---|---|
| *FD* | 8701 | 0.194 | 0.000 | 0.395 | 0.000 | 1.000 |
| *FCOST* | 8701 | 0.015 | 0.028 | 0.069 | −0.567 | 0.137 |
| *FA* | 8701 | 0.284 | 0.263 | 0.147 | 0.015 | 0.704 |
| *GDP_Growth* | 8701 | 0.092 | 0.092 | 0.019 | 0.069 | 0.142 |
| *MP* | 8701 | 0.161 | 0.138 | 0.040 | 0.122 | 0.285 |

（2）相关性分析

相关性分析能够帮助本书初步考察模型各变量之间的相关关系，同时初步检验各变量之间是否存在多重共线性问题，因此本书在进行多元回归分析之前，对模型变量进行了 Pearson 和 Spearman 相关性检验，以初步判定变量之间的相互影响。如表 4.7 所示，经营性现金流量（*OFC*）、成长性（*GROWTH*）、盈利能力（*REVN*）、公司规模（*SIZE*）、市账比（*M/B*）、财务困境（*FD*）、融资成本（*FCOST*）、固定资产占比（*FA*）、经济周期

表 4.7　　　　　　　　　　目标营运资本估计变量的相关性分析

| 变量 | *OCF* | *GROWTH* | *REVN* | *SIZE* | *M/B* | *FD* | *FCOST* | *FA* | *GDP_Growth* | *MP* |
|---|---|---|---|---|---|---|---|---|---|---|
| *OCF* | 1 | 0.017 | 0.271 *** | 0.152 *** | −0.107 *** | −0.138 *** | −0.039 *** | 0.188 *** | 0.024 * | 0.071 *** |
| *GROWTH* | −0.005 | 1 | 0.350 *** | 0.180 *** | −0.063 *** | −0.065 *** | −0.176 *** | −0.163 *** | 0.054 *** | 0.032 ** |
| *REVN* | 0.002 | 0.024 * | 1 | −0.116 *** | −0.333 *** | −0.241 *** | −0.135 *** | −0.150 *** | 0.013 | 0.010 |
| *SIZE* | 0.134 *** | 0.066 *** | 0.099 *** | 1 | 0.347 *** | 0.166 *** | 0.046 *** | 0.060 *** | −0.192 *** | −0.203 *** |
| *M/B* | −0.057 *** | −0.034 ** | −0.008 | 0.377 *** | 1 | 0.322 *** | 0.263 *** | 0.237 *** | 0.154 *** | 0.066 *** |
| *FD* | −0.122 *** | −0.035 ** | −0.043 *** | 0.160 *** | 0.398 *** | 1 | 0.196 *** | 0.073 *** | −0.033 ** | −0.037 *** |
| *FCOST* | −0.043 *** | 0.000 | −0.006 | 0.094 *** | 0.120 *** | 0.105 *** | 1 | 0.360 *** | 0.124 *** | 0.091 *** |
| *FA* | 0.145 *** | −0.115 *** | −0.028 * | 0.072 *** | 0.227 *** | 0.085 *** | 0.183 *** | 1 | 0.139 *** | 0.131 *** |
| *GDP_Growth* | 0.027 * | 0.006 | −0.018 | −0.160 *** | 0.049 *** | −0.031 ** | 0.093 *** | 0.139 *** | 1 | 0.424 *** |
| *MP* | 0.066 *** | −0.005 | −0.006 | −0.128 *** | −0.079 *** | −0.029 ** | 0.064 *** | 0.100 *** | 0.392 *** | 1 |

注：（1）***、**、*分别表示在 1%、5%、10% 水平上显著；（2）对角线左下方为 Pearson 相关系数，对角线右上方为 Spearman 相关系数。

（*GDP_Growth*）、货币政策（*MP*）等变量之间存在着比较显著的相关性，但相关系数并不高，大多在 0.02～0.2 之间，说明模型中各个变量之间并不存在严重的多重共线性问题。而且各变量间相关系数的显著性通常到 1% 水平，表明估计模型所选取的变量较为合理，不存在高度不相关的情况。

　　此外，本书还对估计模型进行了方差膨胀因子检验（VIF），结果显示平均和最大的 VIF 值分别为 1.23 和 1.54，进一步证明了模型所选变量之间不存在多重共线性问题。

　　（3）回归结果分析

　　目标营运资本的拟合在营运资本的动态调整研究中起到举足轻重的作用，为了避免重要变量缺失导致的估计偏差，本书基于已有的研究结果选取了 10 个估计变量进行拟合。本书分别采用了混合效应模型（Pooled OLS）、固定效应模型（FE）和随即效应模型（RE）对式（4.2）进行了检验，目标营运资本估计模型的检验结果如表 4.8 所示。

表 4.8　　　　　　　　　　目标营运资本估计的检验结果

| 变量 | （1）OLS | （2）FE | （3）RE |
| --- | --- | --- | --- |
| *OCF* | − 0.815 *** <br> （− 14.522） | − 0.330 *** <br> （− 6.600） | − 0.470 *** <br> （− 9.596） |
| *GROWTH* | − 0.126 *** <br> （− 11.311） | − 0.077 *** <br> （− 7.917） | − 0.095 *** <br> （− 10.027） |
| *REVN* | 0.094 *** <br> （4.001） | 0.011 <br> （0.530） | 0.026 <br> （1.256） |
| *SIZE* | − 0.131 *** <br> （− 39.162） | − 0.117 *** <br> （− 24.774） | − 0.124 *** <br> （− 30.773） |
| *M/B* | 0.059 *** <br> （8.909） | 0.038 *** <br> （6.138） | 0.044 *** <br> （7.280） |
| *FD* | 0.031 *** <br> （2.804） | − 0.013 <br> （− 1.186） | − 0.003 <br> （− 0.288） |
| *FCOST* | 0.514 *** <br> （9.007） | 0.213 *** <br> （2.990） | 0.323 *** <br> （5.309） |
| *FA* | − 0.783 *** <br> （− 27.155） | − 0.389 *** <br> （− 9.869） | − 0.544 *** <br> （− 15.851） |

| 变量 | （1）OLS | （2）FE | （3）RE |
|---|---|---|---|
| GDP_Growth | −0.988 *** <br>（−4.358） | −1.007 *** <br>（−5.362） | −0.997 *** <br>（−5.350） |
| MP | −0.199 ** <br>（−1.971） | −0.344 *** <br>（−4.260） | −0.301 *** <br>（−3.723） |
| Constant | 3.462 *** <br>（46.741） | 3.096 *** <br>（29.491） | 3.270 *** <br>（36.712） |
| Adjusted $R^2$ | 0.268 | 0.096 | — |
| F 值 | 320.16 *** | 80.93 *** | — |
| N | 8701 | 8701 | 8701 |

注：（1）***、**、*分别表示在1%、5%、10%水平上显著；（2）括号中为数据的t值。

从调整的 $R^2$ 来看，混合效应模型和固定效应模型调整后的 $R^2$ 分别为 0.268 和 0.096，符合同类型拟合的一般水平，模型拟合程度较好，说明选取的指标具有一定的代表性和有效性。

就具体变量系数而言，经营性现金流量（OCF）的系数均为负值，且在 1% 水平上显著，说明公司的经营性现金流量越大，公司产生内部资源的能力越强，对营运资本的需求就越低，支持了王治安和吴娜（2007）和希尔等（2010）的研究结论；同样公司的成长性（GROWTH）也与营运资本呈负相关关系，且在 1% 水平上显著，说明公司成长性越好，内部流动性越高，对营运资本的管理效率也越高，因此减少了营运资本持有水平，该研究支持了希尔等（2010）的结论；盈利能力（REVN）与营运资本的关系则不太明确，在混合效应模型中呈显著的正相关关系，而在固定效应和随即效应模型中则并不显著，表明公司的盈利能力对营运资本持有水平的影响存在差异，并不支持吴（2001）和巴尼奥斯等（2010）的结论；公司规模（SIZE）与营运资本之间呈现显著的负向关系，验证了大公司在生产经营与资金融通等方面具有较强的实力，而且由于其市场议价能力较强，资金回收效率相较于小规模公司占有明显优势，支持了彼得森和拉扬（1997）、希尔等（2010）的结论；市账比（M/B）与营运资本呈显著的正相关关系，此结论与希尔等（2010）的结论相反，可能的原因在于当公司面临较好的投资机会，且与市场之间的信息不对称程度较低时，公司拥有较为通畅便捷的融资渠道，其对融资约束导致的营运资本加快周转的影响不敏感；财务困境（FD）与营运资本之间的关系则在不同模型中结果不同，且仅在混合 OLS 模型中表现为显著正向关系，表明公司在面临财务困境和外部融资渠道受限的情况下，会倾向于采取持有更多营运资本的方式规避资金短缺风险；相应地公司的融资成本（FCOST）在三个模型中均正向促进了公司营运资本的持有；固定资产占比（FA）则与营运资本持有水平呈显著负相关关系，支持了巴尼奥斯等（2010）的结论，表明公司固定资产的增加会挤占营运资本占比，尤其是在公司面临融资约束的情况下；从宏观因素的回归结果来看，经济周期（GDP_Growth）和货币政策（MP）表现为广义货币供给增速和 GDP 增速均与营运资本持有水平呈显著负相关关系，表明外部环境较为宽松时，公司面临的融资约束压力较小，更倾向于持有较少的营运资本维持日常周转，而将更多资金投入到其他盈利性较强的项目中，该回归结果支持了王冬梅和朱先朋（2013）、于博（2013）以及吴娜和孙宇（2013）等的研究结论。

此外，为了进一步选出拟合目标营运资本的最佳模型，本书对上述三个模型分布进行了 F 检验和 Hausman 检验。F 检验的结果为 6.58，且在 1% 水平上显著，表明混合效应模型与固定效应模型的方差存在显著差异，由此拒绝混合效应模型。而对固定效应和随机效应模型的 Hausman 检验显示，p 值为 0.000，拒绝这两个模型的系数估计值不存在系统性差异的原假设，认为模型存在内生性偏差，由此拒绝随机效应模型。综上所述，本书选择固定效应模型（FE）对目标营运资本进行拟合。

### 4.3.3　局部调整检验

（1）局部调整模型回归结果分析

在对局部调整模型进行回归时，选择适当的方法对准确估计滞后一期的被解释变量的系数并据此判定局部调整模型是否成立至关重要。从已有研究对同类模型回归方法的选择来看，有的使用普通最小二乘法（OLS）估计

（希亚姆和梅尔斯，1999），有的则用固定效应模型（FE）进行估计（弗兰纳里和冉根，2006；姜付秀和黄继承，2011），还有学者（弗兰纳里和汉金斯，2013；黄继承和姜付秀，2014）则使用了修正的最小二乘虚拟变量法（Least Squares Dummy Variable Correction，LSDVC），而且认为使用这种估计方法得出的估计结果是最精确的；从样本的特征来看，本书选用了2000～2015年1061家公司8701个观测值的非平衡面板数据为研究对象，样本的截面单元 N 为1061，时序单元 T 为16，属于典型的"大 N 小 T"样本，而 LSDVC 主要适用于"小 N 大 T"型样本的回归，与本书选用的样本特征不符；从局部调整模型的设定来看，一方面，通过对式（4.2）的检验可知该模型存在一定的固定效应，另一方面，该模型属于动态面板模型，使用被解释变量的滞后项作为解释变量，导致模型存在明显的内生性问题。因此，在对模型进行估计时，如果使用未考虑固定效应的混合效应模型估计会导致下偏偏误，而使用固定效应模型进行估计则存在上偏偏误（萧，2003；巴尔塔吉，2005）。考虑到被解释变量的滞后项和固定效应同时存在，为了解决这一问题，阿雷亚诺和邦德（1991）提出先将各变量进行一阶差分以去除个体效应，然后再使用水平变量的滞后项作为差分方程中内生变量的工具变量进行估计，该方法即为"一阶差分广义矩估计"（first-difference GMM）。然而，由于水平变量的滞后项在一阶差分方程中往往都是弱工具变量，即水平变量与内生变量仅微弱相关，这就会造成该估计量可能存在严重的小样本偏误。对此，阿雷亚诺和博韦尔（1995）、布伦德尔和邦德（1998）提出了"系统广义矩估计"（system GMM）方法，该方法在差分方程的基础上，进一步加入了水平方程以及更多的矩条件，使得系统矩估计的小样本偏误明显降低（邦德和温德梅耶尔，2002），样本信息得到了更加充分利用。但是该方法的一个重要假设是不同个体之间的误差项 $\varepsilon_{it}$ 和 $\varepsilon_{jt}$ 并不相关，即误差项不存在序列相关。对该假设的验证通常需要进行自相关检验，如果差分后的误差项仅存在一阶自相关而不存在二阶自相关，则认为模型设定符合这一假设。此外，为了检验工具变量选择的合理性，还需要进行过度识别检验，如果 Sargan 统计量的 P 值在10%水平上显著，则拒绝原假设，即模型不存在过度识别。

综上所述，为了更好地对局部调整模型进行回归，本书选用系统 GMM 方法进行主要回归分析，同时使用混合效应模型（Pooled OLS）、固定效应模型（FE）和修正的最小二乘虚拟变量法（LSDVC）进行对比检验。已有研究表明，虽然固定效应和混合效应模型在估计动态面板时都有偏误，但是二者估计的滞后一期被解释变量的系数决定了真实估计值的上限和下限（鲁德曼，2009），因此采用系统 GMM 方法和 LSDVC 法估计出的系数应当落在该区间内，由此可检验本书的估计结果是否合理。营运资金局部调整模型的检验结果如表 4.9 所示。

表 4.9　　　　　　　　　　营运资本局部调整模型的检验结果

| 变量 | （1）OLS | （2）GMM | （3）LSDVC | （4）FE |
|------|---------|---------|-----------|--------|
| NWC | 0.752 *** <br>(96.691) | 0.541 *** <br>(12.756) | 0.653 | 0.520 *** <br>(50.003) |
| OCF | − 0.225 *** <br>( − 5.705) | − 0.144 * <br>( − 1.905) | − 0.081 | − 0.091 ** <br>( − 2.076) |
| GROWTH | − 0.035 *** <br>( − 4.477) | − 0.046 *** <br>( − 3.593) | − 0.030 | − 0.035 *** <br>( − 4.177) |
| REVN | 0.109 *** <br>(6.724) | 0.038 <br>(0.506) | 0.064 | 0.054 *** <br>(3.012) |
| SIZE | − 0.020 *** <br>( − 7.873) | − 0.044 *** <br>( − 4.720) | − 0.018 | − 0.028 *** <br>( − 6.185) |
| M/B | 0.003 <br>(0.603) | 0.015 ** <br>(2.062) | 0.010 | 0.008 <br>(1.510) |
| FD | − 0.005 <br>( − 0.706) | − 0.015 <br>( − 0.770) | − 0.025 | − 0.023 ** <br>( − 2.311) |
| FCOST | 0.124 *** <br>(3.111) | 0.152 ** <br>(2.426) | 0.063 | 0.093 <br>(1.506) |
| FA | − 0.186 *** <br>( − 8.862) | − 0.310 *** <br>( − 4.975) | − 0.083 | − 0.118 *** <br>( − 3.421) |
| GDP_Growth | − 0.667 *** <br>( − 4.237) | − 0.693 *** <br>( − 4.764) | − 0.333 | − 0.547 *** <br>( − 3.351) |
| MP | − 0.064 <br>( − 0.915) | − 0.143 ** <br>( − 2.491) | − 0.100 | − 0.155 ** <br>( − 2.212) |

| 变量 | (1) OLS | (2) GMM | (3) LSDVC | (4) FE |
|---|---|---|---|---|
| *Constant* | 0.649 \*\*\* (10.980) | 1.268 \*\*\* (5.799) | | 0.874 \*\*\* (8.623) |
| Adjusted $R^2$ | 0.648 | — | — | 0.223 |
| F 值 | 1454 \*\*\* | 72.52 \*\*\* | — | 325.0 \*\*\* |
| AR(2) P 值 | — | 0.129 | — | — |
| Sargan P 值 | — | 0.715 | — | — |
| N | 8 701 | 8 701 | 8 701 | 8 701 |

注:(1) \*\*\* 、\*\* 、\* 分别表示在 1% 、5% 、10% 水平上显著;(2) 括号中为数据的 t 值。

四个模型中滞后一期的营运资本的系数分别为 0.752、0.541、0.653 和 0.520,均介于 0 和 1 之间,且均在 1% 水平上显著(LSDVC 估计法仅报告回归系数,没有报告数据的 t 值),证明了营运资本的局部调整模型成立,说明公司存在目标营运资本,且存在向该目标进行动态调整的行为,支持了假设 4.1。

对于该模型回归结果的合理性,本书主要从三个角度进行判断:第一,从计量的角度来看,OLS 和 FE 模型估计的滞后一期的 *NWC* 的系数值分别为 0.752 和 0.520,而系统 GMM 和 LSDVC 法估计的结果分别为 0.541 和 0.653,均落在 OLS 和 FE 估计的系数区间内,说明估计方法使用得当;第二,从同类研究结果对比来看,吴娜(2013)使用 2000 ~ 2011 年中国制造业上市公司数据按是否存在融资约束进行分组回归,估计出的系数分别为 0.719(无融资约束)和 0.452(有融资约束),而陈克兢等(2015)使用 2004 ~ 2013 年全部 A 股上市公司数据,估算的系数为 0.628,略高于本书的估计结果,原因在于一则研究样本不同,二则营运资本的度量方式不同,整体而言本书的估计结果与同类研究大致相同;第三,从横向的非同类研究对比来看,营运资本的流动性应当弱于现金而强于资本结构,因此同种估计方法下营运资本的调整系数应当介于现金和资本结构两者之间。屈耀辉(2006)、连玉君和钟经樊(2007)估算的资本结构调整系数分别为 0.722 和 0.689,而连玉君(2008)估计的现金调整系数为 0.511,本书估计的调整系数为0.541，刚好介于两者之间，进一步验证了本研究结论的合理性。

本书针对系统GMM估计方法进行了自相关检验和工具变量过度识别检验，结果显示：AR(1)和AR(2)分别为0.000和0.129，证明该局部调整模型存在一阶自相关而不存在二阶自相关，即模型符合系统GMM估计方法的使用条件。Sargan统计量的P值为0.715，表明拒绝过度识别假设，即模型的工具变量选择较为合理。

（2）进一步研究：营运资本持有水平的影响

根据营运资本高于或低于本书拟合的目标值，将样本分为持有过度和持有不足两组，分别对其进行系统GMM检验，如表4.10所示。回归结果显示两组的调整速度分别为0.694（1−0.306）和0.384（1−0.616），表明持有不足组的营运资本调整速度明显快于持有过度组，即公司的营运资本调整存在非对称效应。可能的原因在于，一方面营运资本持有不足的公司面临较高的流动性风险，尤其是在中国上市公司普遍存在融资约束的情况下，营运资本调整的迫切性相较于持有过度的公司更大；另一方面，营运资本持有不足的公司通常拥有更好的投资机会和成长性，更倾向于将资金投入盈利性较大的项目中，由此进一步挤占了营运资本的持有水平，而该类公司通常拥有较好的营运资本管理能力，营运资本周转效率更高，因此营运资本持有不足的企业调整速度一般快于持有过度营运资本的企业。

表4.10　　　　　营运资本调整非对称效应的检验结果

| 变量 | （1）持有不足 | （2）持有过度 |
|---|---|---|
| NWC | 0.306 ***<br>（5.302） | 0.616 ***<br>（13.129） |
| OCF | 0.024<br>（0.428） | −0.228<br>（−1.391） |
| GROWTH | −0.038 ***<br>（−3.381） | −0.005<br>（−0.241） |
| REVN | 0.076 **<br>（2.444） | 0.016<br>（0.129） |

| 变量 | （1）持有不足 | （2）持有过度 |
|------|------------|------------|
| SIZE | 0.006<br>(1.014) | - 0.070 ***<br>( - 5.073) |
| M/B | - 0.019 ***<br>( - 3.448) | 0.033 ***<br>(2.791) |
| FD | - 0.022<br>( - 1.430) | - 0.040<br>( - 1.300) |
| FCOST | 0.035<br>(0.586) | 0.022<br>(0.190) |
| FA | - 0.195 ***<br>( - 4.016) | - 0.388 ***<br>( - 3.328) |
| GDP_Growth | - 0.113<br>( - 0.860) | - 0.874 ***<br>( - 2.988) |
| MP | - 0.112 **<br>( - 2.358) | - 0.264 **<br>( - 2.245) |
| Constant | 0.121<br>(0.848) | 1.915 ***<br>(5.796) |
| F 值 | 12.25 *** | 127.4 *** |
| AR(2)P 值 | 0.104 | 0.185 |
| Sargan P 值 | 0.246 | 0.513 |
| N | 5428 | 3273 |

注：（1）*** 、** 、* 分别表示在1%、5%、10%水平上显著；（2）括号中为数据的 t 值。

## 4.4　稳健性检验

为了保持本章研究结论的可靠性与稳定性，本部分使用不同的营运资本定义方式以及相关的替代性变量分别对前述三个研究模型进行了稳健性检验。

（1）均值回归模型的稳健性检验

本书使用营运资本的替代性变量 NWC2 和 NWC3，分别计算其增量指标即 $\Delta NWC2_{it-1}$ 和 $\Delta NWC3_{it-1}$，对式（4.1）进行稳健性检验，检验结果如

表 4.11 所示。替换性指标的系数分别为 - 0.595 和 - 0.167，均在 1% 水平上显著，证明不同营运资本均存在"回复均值"现象，初步验证了假设 4.1。

表 4.11　　　　　　　　　　　均值回归的稳健性检验

| 变量 | （1）$\Delta NWC2_{it-1}$ | （2）$\Delta NWC3_{it-1}$ |
| --- | --- | --- |
| $\Delta NWC2_{it-1}/\Delta NWC3_{it-1}$ | - 0.595 *** <br> （ - 15.702） | - 0.167 *** <br> （ - 26.577） |
| Constant | - 0.143 <br> （ - 0.888） | 0.021 *** <br> （13.326） |
| Adjusted $R^2$ | 0.027 | 0.075 |
| F 值 | 246.56 *** | 706.35 *** |
| N | 8701 | 8701 |

注：（1）***、**、* 分别表示在 1%、5%、10% 水平上显著；（2）括号中为数据的 t 值。

（2）目标营运资本估计模型的稳健性检验

在对目标营运资本估计模型进行稳健性检验时，首先同样采用营运资本的两个替代变量借助固定效应模型重新回归模型（4.2），结果如表 4.12 所示。从调整后的 $R^2$ 来看，模型设定拟合程度与前述结果近似。而从各解释变量系数来看，经营性现金流量（OFC）与营运资本之间的关系在替代变量 NWC2 的回归中并不显著，而在 NWC3 中的回归则呈显著负相关，与前文结论一致；成长性（GROWTH）与营运资本呈现显著的负相关关系，说明成长性较高的公司通常营运资本管理效率较高，其营运资本也相对较低，再次验证了前文结论；盈利能力（REVN）则均与营运资本显著正相关，说明盈利能力强的公司更倾向于采用稳健的营运资本持有策略；公司规模（SIZE）与营运资本呈正相关关系，与前文结论一致，只是在 NWC2 的回归中并不显著；市账比（M/B）与营运资本呈显著正相关，与前文结论一致，说明公司面临较多的投资机会时，倾向于采用稳健的营运资本资金持有策略，维持公司较高的流动性；财务困境（FD）能够显著降低公司的营运资本持有水平，弥补了前文回归结果不显著的缺憾，证明处于财务困境的公司缺乏融资渠道和现金生产能力，因此通常会削减营运资本投入；融资成本（FCOST）与营运资本显著正相关，说明此类公司会通过持有更多的营运资本来规避外部融资，与前文结论相同；同样，固定资产占比（*FA*）对营运资本的负向作用也与前文分析相同；经济周期（*GDP_Growth*）对营运资本的影响在 *NWC*2 的回归中与前文一样，呈显著负相关关系，而在 *NWC*3 的回归中则不显著；货币政策（*MP*）则在两个回归中均不显著，可能的原因在于干扰因素较多。整体来看，除个别因素的回归结果与前文不符外，本书所选取的指标总体上能够很好地拟合公司的目标营运资本，为进一步研究营运资本的动态调整奠定基础。

**表 4. 12** 目标营运资本估计的稳健性检验

| 变量 | （1）*NWC*2 | （2）*NWC*3 |
|---|---|---|
| *OCF* | 0.072<br>（0.781） | − 0.194 ***<br>（− 9.518） |
| *GROWTH* | − 0.112 ***<br>（− 6.296） | − 0.013 ***<br>（− 3.410） |
| *REVN* | 0.633 ***<br>（16.668） | 0.037 ***<br>（4.399） |
| *SIZE* | − 0.001<br>（− 0.166） | − 0.019 ***<br>（− 10.087） |
| *M/B* | 0.079 ***<br>（6.931） | 0.010 ***<br>（3.960） |
| *FD* | − 0.289 ***<br>（− 13.819） | − 0.054 ***<br>（− 11.668） |
| *FCOST* | 1.113 ***<br>（8.508） | 0.071 **<br>（2.432） |
| *FA* | − 0.647 ***<br>（− 8.926） | − 0.059 ***<br>（− 3.677） |
| *GDP_Growth* | − 2.551 ***<br>（− 7.385） | 0.131 *<br>（1.708） |
| *MP* | − 0.132<br>（− 0.887） | 0.043<br>（1.298） |
| *Constant* | 0.831 ***<br>（4.302） | 0.573 ***<br>（13.392） |

续表

| 变量 | （1）NWC2 | （2）NWC3 |
|---|---|---|
| Adjusted $R^2$ | 0.136 | 0.052 |
| F 值 | 120.3 *** | 41.65 *** |
| N | 8701 | 8701 |

注：（1）***、**、*分别表示在 1%、5%、10%水平上显著；（2）括号中为数据的 t 值。

（3）局部调整模型的稳健性检验

借助营运资本的替代性变量对式（4.8）进行的稳健性检验结果列示在表 4.13 中。首先，对模型使用系统 GMM 方法进行估计，该估计的 AR(2) 值分别为 0.364 和 0.172，说明模型存在二阶自相关，适用于系统 GMM 方法。而 Sargan 检验的 P 值分别为 0.213 和 0.102，均大于 10%，由此拒绝工具变量使用过多的原假设，说明模型估计过程中不存在过度识别问题。其次，从滞后一期的 NWC2 和 NWC3 的系数来看，分别为 0.483 和 0.549，且在 1% 水平上显著，与前文所得系数 0.541 较为接近，证明了前文结论的稳健性与可靠性。同时系数均落在 0 和 1 之间，说明局部调整模型成立，即公司存在局部调整行为，从而证明目标营运资本和向目标动态调整行为的存在，再次验证假设 4.1。

表 4.13 营运资本局部调整的稳健性检验

| 变量 | （1）$NWC2_{it+1}$ | （2）$NWC3_{it+1}$ |
|---|---|---|
| NWC2/NWC3 | 0.483 *** <br> (9.299) | 0.549 *** <br> (25.538) |
| OCF | 0.207 <br> (1.314) | 0.033 <br> (1.270) |
| GROWTH | 0.039 * <br> (1.737) | 0.015 *** <br> (3.918) |
| REVN | 0.344 ** <br> (2.300) | 0.010 <br> (0.619) |
| SIZE | 0.030 * <br> (1.917) | − 0.005 * <br> (− 1.840) |

| 变量 | (1) $NWC2_{it+1}$ | (2) $NWC3_{it+1}$ |
|---|---|---|
| $M/B$ | $-0.096^{***}$<br>$(-6.007)$ | $-0.002$<br>$(-0.786)$ |
| $FD$ | $-0.125^{***}$<br>$(-4.172)$ | $-0.027^{***}$<br>$(-4.298)$ |
| $FCOST$ | $-0.854^{***}$<br>$(-5.197)$ | $0.011$<br>$(0.470)$ |
| $FA$ | $-0.030$<br>$(-0.204)$ | $-0.013$<br>$(-0.659)$ |
| $GDP\_Growth$ | $-1.950^{***}$<br>$(-4.365)$ | $-0.113^{*}$<br>$(-1.741)$ |
| $MP$ | $-0.272^{*}$<br>$(-1.898)$ | $0.129^{***}$<br>$(4.672)$ |
| $Constant$ | $-0.192$<br>$(-0.421)$ | $0.158^{***}$<br>$(2.837)$ |
| $F$ 值 | 185.9 | 88.12 |
| AR(2)$P$ 值 | 0.364 | 0.172 |
| Sargan $P$ 值 | 0.213 | 0.102 |
| $N$ | 8701 | 8701 |

注:(1) ***、**、*分别表示在1%、5%、10%水平上显著;(2) 括号中为数据的 t 值。

此外,除了替换营运资本指标进行的稳健性检验外,本书还利用同行业的营运资本中位数和均值作为目标营运资本的替代变量,对式(4.8)进行了简易的稳健性检验。表4.14中第(1)~第(3)列列示了使用行业中位数作为目标营运资本进行回归的检验结果,而第(4)~第(6)列则列示了使用行业均值进行回归的检验结果。从回归系数的整体大小来看,均介于0和1之间,进一步证明了假设4.1;而从同类营运资本定义方式下得出的调整系数来看,使用本书主体分析中的 NWC 定义,系数分别为0.205和0.209,均小于前文得出的0.541。同样在使用 NWC3 的回归中,简易估计得出的系数也低于前述结论(0.549)。而在 NWC2 的回归中,所得系数分别为0.595和0.599,均高于前文稳健性检验的结果(0.483),说明运用行业中位数或均值简单代替目标营运资本,能够证明目标营运资本及调整行为的存在，但是无法准确估计目标营运资本，客观上造成了后续研究难以准确计量的问题。

表 4.14　　　　　　　　　　目标营运资本的替代性检验

| 变量 | (1) $\Delta NWC1$ | (2) $\Delta NWC2$ | (3) $\Delta NWC3$ | (4) $\Delta NWC1$ | (5) $\Delta NWC2$ | (6) $\Delta NWC3$ |
|---|---|---|---|---|---|---|
| Ind_Median | 0.205 *** (30.940) | 0.595 *** (15.693) | 0.175 *** (27.406) | | | |
| Ind_Mean | | | | 0.209 *** (31.348) | 0.599 *** (15.866) | 0.175 *** (27.346) |
| Constant | 0.015 *** (5.581) | − 0.297 * (− 1.850) | − 0.006 *** (− 5.233) | − 0.004 * (− 1.657) | − 0.175 (− 1.090) | − 0.006 *** (− 5.412) |
| F 值 | 957.28 *** | 246.28 *** | 751.09 *** | 982.67 *** | 251.74 *** | 747.79 *** |
| Adjusted $R^2$ | 0.099 | 0.027 | 0.079 | 0.101 | 0.028 | 0.079 |
| N | 8701 | 8701 | 8701 | 8701 | 8701 | 8701 |

注：(1) ***、**、* 分别表示在 1%、5%、10% 水平上显著；(2) 括号中为数据的 t 值。

## 4.5　本章小结

依据本书第 2 章的文献梳理，从理论上分析了目标营运资本的存在。无论是基于风险和收益的权衡、成本和收益的权衡还是营运资本的管理策略，都表明企业存在目标营运资本，且企业的营运资本存在着向目标值方向进行调整的趋势。根据动态权衡和权变理论，企业的营运资本并不是恒定不变的，它会因企业的内外部影响因素产生变化而偏离目标营运资本。随着企业对营运资本重视程度的提高，企业的管理者会主动寻求营运资本调整的价值和作用。因此，企业会在之后的经营期间内，不断调整营运资本，使其保持在一个合理的区间内。本书以中国沪深两市 A 股制造业上市公司的数据为研究样本，将实证的研究窗口设置在 2000～2015 年，并在欧普勒（1999）的现金均值回归模型基础上针对本书的研究内容对模型进行了改进，建立营运资本的均值回归模型，实证检验营运资本是否存在调整行为。首先从欧普勒（1999）的现金均值回归模型结果来看，回归系数为显著的负值，说明公司存在均值回复现象，且不同公司的系数中位数和均值都为负值这进一步支持了均值回复的现象；其次，从目标营运资本的拟合值来看，Pearson 和 Spearman 相关性检验的结果表明各变量间不存在严重的多重共线性问题，从混合效应模型、固定效应模型和随机效应模型检验的结果看，混合效应模型和固定效应模型的拟合程度较好，经过 F 检验和 Hausman 检验后，拒绝混合效应模型，选用固定效应模型对目标营运资本进行拟合；最后，从局部调整模型的回归结果来看，回归系数介于 0 和 1 之间，证明了营运资本的局部调整模型成立，说明公司存在向目标营运资本进行动态调整的行为，支持了本章假设 4.1，即公司存在目标营运资本，且公司的营运资本会向目标值进行动态调整。

# 第 5 章

# 公司治理与营运资本调整
# 速度的实证研究

本书第 4 章的研究已经证明公司存在着目标营运资本，即公司对营运资本的管理并不是任由其随机波动，而是会主动对其加以目标管理。在此基础上，本章将从公司治理的视角研究营运资本的动态调整速度。公司治理作为公司调节各方利益和维护股东权利的治理机制，对其内部的营运资本调整有着显著的影响。本章结合前文对公司治理的定义进行界定，并划分成股权结构、董事会治理和高管层治理三个维度，考察公司治理对营运资本调整速度的影响，从而反映公司治理机制在营运资本管理上的作用机理。本章第一节从营运资本的调整机理入手，结合公司治理的作用机制，提出相应的研究假设。第二节进行研究设计，首先对样本进行筛选；其次结合现有公司治理的研究成果，选择具有代表性的公司治理指标；最后进行模型推导。第三节列示实证研究结果并分析。一方面，通过描述性统计分析、单变量检验和相关性分析对相关变量进行描述与考察，以初步探究变量的分布情况、变量选择的合理性以及变量间的关系等问题；另一方面，借助回归分析对假设进行验证。第四节为稳健性检验，以保证结论的可靠性和稳健性。第五节为本章小结，对本章研究进行总结。

# 5.1 理论分析与研究假设

## 5.1.1 调整机理分析

已有研究表明公司治理会对企业的经营活动产生影响。从企业内部看，公司治理作为一种解决公司各种代理问题的制衡机制，能够提高内部关联交易的公平性，减少控股股东利用经营性关联交易占用营运资本的现象（逄咏梅，2013）；从企业外部看，公司治理以科学决策为目标。在企业中，股东、董事会和高管扮演了处理企业外部信息的信息使用者角色。不同角色在资本市场中所能获得信息的能力有差异，更好地获取和处理有关公司收益和风险的信息更能够使公司得以健康、稳定的发展。公司治理机制有助于企业的信息使用者正确处理信息，降低信息的处理成本，从而指导管理者进行生产经营活动。营运资本的动态调整深受企业内外部各因素的影响，公司治理本质上是一种解决公司各种代理问题的制衡机制，从而有利于信息处理，形成控制权运作过程中企业各种要素的集合，它减少了交易摩擦，保证了决策的有效性。

从本书第 4 章的实证分析可以看出，当企业存在目标营运资本时，它会向该目标值进行调整，并且营运资本变化的运动轨迹并非随机或杂乱无章，而是围绕一定的目标区间进行动态趋近。营运资本不仅具备预防流动性缺失、保障企业资金链稳定性的功能，还能够通过扩大销售信用额度、增加存货来促进销售收入的增长、增加市场份额以及抵御外部需求波动的影响。当公司的营运资本水平较高时往往会预示着公司从客户处回款的速度较慢，相关资产周转率的低下也会影响到公司的盈利能力。通常，企业进行营运资本决策并非一蹴而就，因此从连续多期视角下观察营运资本的变化，不难发现营运资本一直围绕着目标值进行不断的动态调整。因此，在调整的过程当中，企业存在何种机制使得营运资本向其最优值进行动态调整，是值得探讨的问题。

　　在从静态的视角对营运资本展开了一定时期的研究之后，目前国内外从动态视角对其进行的研究也逐渐丰富起来，也就是说研究营运资本动态调整的相关问题。费舍尔等（1989）发展了动态调整理论，在营运资本偏离了目标值时，其向目标调整所能够获得的最终收益为正。但由于市场摩擦等因素的存在，对营运资本进行动态调整会产生一定的成本。那么，对调整成本与调整收益之间的权衡是企业是否进行实际营运资本调整的重要依据。现有研究也大多支持了当营运资本偏离目标值时，其调整收益大于调整成本，因此会向目标值回归的观点。连玉君等（2010）认为，由于偏离状态产生的成本过高，企业会努力保持一个特定的流动资产比例，因而当实际流动资产比例偏离了目标值时，企业会主动进行调整。阿克塔斯等（2015）也验证了公司会采取各种手段来使得营运资本向目标值进行调整。也就是说，当调整收益显著大于调整成本时，调整速度快；随着调整收益和调整成本之间的差距缩小，调整速度变慢。需要说明的是，若营运资本偏离目标值的方向不同（即低于目标营运资本或高于目标营运资本），营运资本的调整方向则相反（即向上调整和向下调整）。在公司的实际营运资本高于目标值或低于目标值这两种不同情况下，营运资本向其目标值进行调整的行为并非是对称的。这种不同方向的不对称性在资本结构（拜恩，2008）和现金持有量（福克德等，2006）的动态调整中都已得到了证实。公司治理是指对管理层行为进行约束和激励的一系列要素。不同的公司治理要素会对管理层的行为产生不同的影响，同时也会影响到公司在对财务资源进行调整时所涉及的收益和成本。因此，本书还将以公司治理为视角，研究其对营运资本动态调整的影响，即分别从股权结构、董事会治理和高管层治理三个维度来选择相关的公司治理要素，并将其依次纳入营运资本动态调整的研究框架。

　　（1）营运资本的调整成本

　　虽然公司会为营运资本设置目标，但是在公司的日常经营过程中，营运资本却通常不会停留在目标值上，会因为各种交易的发生而上下波动。贝利和施内勒尔（1989）的研究表明，销售和采购环节的不可估计因素、应收账款的坏账可能性以及各类其他的突发事件均会造成营运资本的波动，此时实际的营运资本就会上偏或下偏于目标值。科琳娜（2002）则列举出了公司进行营运资本调整时可以采取的若干种手段,具体包括在销售过程中对订单处理、支付手段、应收账款等进行管理,对整个供应链进行管理以及对采购环节的支付方式等进行管理。公司采取不同管理手段时所面临的调整成本也是有所不同的。由于营运资本主要包括应收账款和应付账款等,此类资产或负债的产生主要是由于商业信用在发挥作用,因此商业信用的强弱也必然会影响到营运资本的调整成本。

在完全竞争市场中,商业信用是另一种形式的融资,从其本质上看商业信用是卖方公司提供给买方公司的一项贷款。在 MM 理论的完美资本市场假设下,应付账款和应收账款都与公司的价值无关。然而,完全竞争的产品市场在现实世界中很少出现,公司通过有效地选择和利用商业信用可使公司业绩达到最优。因此,如果公司能够以更低的利率获得银行贷款,那么公司应以低利率贷款后用贷款所得现金在折扣期内付款,以期利用供应商提供的折扣。

信任,主要涉及交易双方对彼此的判断上。这种判断可以基于两类不同的基础。一类基础是对个人信任的判断,而另一类基础则是基于某种组织,然后对组织内部的不同个体进行信任判断(张维迎,2001)。在通过组织对个体进行信任判断时,会涉及连坐机制①。张维迎和柯荣住(2002)还指出了参与到某类社团组织对个体信誉等级的影响。公司与供应商和客户之间的信任程度不同,也会影响到公司对自身营运资本调整时所涉及的成本。当双方的信任程度较高时,公司会更为便利地对营运资本进行调整。与此相反,如果双方的信任存在问题,那么就很难灵活地改变付款方式、付款期限等,此时营运资本就会出现僵化,公司对其进行调整所面临的成本也会有所增加。

(2)营运资本的调整收益

营运资本的调整收益,是指当营运资本偏离目标值时,企业将营运资本调整至目标值预期可获得的收益(也可理解为偏离成本)。企业营运资本的调整同时受到调整成本和调整收益的影响。

---

① 连坐是法律术语,指一人犯罪而与其有关系的人也受牵连而被认为有罪的制度。本书指由于个体行为不当而使其他个体受到的牵连。

从商业信用的角度分析，商业信用的调整收益主要体现在两个方面：一是现金折扣的收益大于现金折扣的成本的部分，企业可以低于市场水平的利率获得融资，这是卖方公司为某些特定客户降价的一种间接方式；二是供应商由于与其客户保持长期的业务关系，比银行等传统的外部贷款方更了解客户的信用质量。若客户不付款，供应商还可通过威胁客户切断未来的产品供应，督促客户完成付款。如果买方违约，供应商可能扣留存货作为抵押品。而此存货对于行业内的公司（如供应商）而言，很可能比对行业外的公司更有价值。

从存货的角度分析，企业需要持有存货以维持正常运营，存货的调整收益主要体现在两个方面：第一，有助于企业降低生产时要素投入匮乏的风险。存货太少会导致停工待料，从而使得企业的销售收入受到损失，失望的客户也许会转而向公司的竞争者购买。正常的存货水平可以避免上述情形的发生。第二，公司持有存货可能是由于诸如季节性需求等因素所致，即客户的采购并不完全是与最有效的生产周期相匹配。若企业以固定的速度进行生产，在季节性需求前企业的存货水平将达到高峰，导致存货与生产周期不匹配；若企业考虑季节的因素对生产策略进行调整，则可避免存货的积压，并且能够从营运资本中释放现金流，降低存货的成本。故而季节性生产会引发额外的成本，如高峰期内需要雇用和培训季节工。综合以上两种情形，公司要在平稳生产时的存货积压成本与高效率生产所带来的收益之间进行权衡。最优的选择很可能是在上述两种极端生产政策的折中选择。

## 5.1.2　研究假设

（1）公司治理与代理问题

在现代公司所有权与经营权相分离的背景下，法玛和詹森（1983）认为公司治理可以解决二者之间的代理冲突。在公司内部，管理层实际负责各项经营管理活动，其对高效利用公司资源承担责任，其中也必然包括对营运资本的科学、合理管理。从公司的股权分配到管理权分配两个层次来看，在公司内部存在着两类代理问题，即股东与管理层之间的代理问题以及大股东与小股东之间的代理问题。对这些代理问题所采取的治理机制会减缓代理冲突，具体到营运资本管理时，也会影响到其向目标值的调整速度。从第一类代理问题的角度来看，白重恩等（2005）就指出管理层与股东之间的目标趋于一致会使得管理层更加谨慎地行使自己的权利，使其决策更加科学、合理。对于营运资本的管理而言，当公司治理能够有效激励和约束管理层的行为时，管理层更能够从公司或股东的利益出发来进行营运资本管理，而不是为了个人的利益来侵占公司资源。第二类代理冲突存在于大股东和小股东之间，当大股东所持有的股权比例过高时，其可能在实质上对公司加以控制，例如对于董事会的构成以及总经理的人选等均有一定的决策权力，在这种背景下，大股东就很有可能做一些掏空公司的行为，这会损害公司及其他小股东的利益。流动资产的流动性较强，大股东利用流动资产的流动性对公司利益进行掏空也较为方便（梅尔斯，1984），这也会更加导致营运资本偏离其目标，并且其向目标进行调整的阻力也会较大。李增泉等（2004）、陈晓和王琨（2005）、翁洪波和吴世农（2007）的研究均发现，有效的公司治理可以更为有效地制止大股东的掏空行为。可以看出，两类代理成本及对其的治理机制均会对公司管理其资源的效率产生影响。房林林和姜楠楠（2016）利用实证研究发现，代理成本的增加会减缓公司对资本结构的调整速度。具体到营运资本而言，阿奇丘坦和拉金德兰（2013）的研究也发现，公司治理水平的高低会影响到营运资本的调整。通过以上分析可以看出，公司治理是影响公司营运资本管理效率的一项重要内容，本部分也将在前面章节的基础上，进一步分析不同的公司治理机制究竟如何影响到营运资本的调整速度。

（2）公司治理的维度与营运资本动态调整的速度

① 股权结构。

公司由各位股东出资成立，各位股东也依据其持股比例享受其在公司的决策权、利益分配权等。在中国的资本市场中，存在着一定规模的公司，其股权的大部分比例由同一主体控制着，即存在着大股东。根据委托代理理论，公司大股东与中小股东之间存在第二类代理冲突，即大股东可能会利用其控股权方面的优势进行利益输送，将公司里的利益转化为个人的利益。并且，当公司存在大股东时，公司选举董事会、董事会任命高级管理人员以及高级人员对公司日常生产经营活动的管理等诸多方面都会受到大股东的干预。已有的研究已证实，公司大股东持股比例会显著地影响到公司对各项流动资产的管理，公司的营运资本通常表现为流动性较高，其所包含的资产属于流动资产的一部分。例如，况学文和彭迪云（2008）就指出，当公司的股权更为集中时，其更有可能通过市场择机行为大量囤积现金。胡国柳（2006）的研究发现，包括法人持股比例、大股东持股比例、管理层持股比例以及流通股比例在内的公司各类股东持股情况均会对公司的现金持有水平产生重要的影响。张旭蕾（2007）利用中国上市公司的数据进行实证研究也同样发现了上述结论。福克德（2002）的实证研究表明，股东数量越多的企业持有的现金越多。古尼等（2003）则利用日本、德国、法国和英国的上市公司进行了跨国研究，结果发现股权集中同样会对这些国家的上市公司的现金持有产生重要影响。奥兹坎等（2004）利用英国上市公司的数据也发现了不同主体持股比例会影响到公司的现金持有水平。贾尼等（2004）、费雷拉和维莱拉（2004）利用瑞士和欧盟的数据也得到了类似的结论。将上述理论分析与实证研究延伸到营运资本的动态调整上，公司的现金资源具有最高的流动性，对其加以控制和应用可以更便捷地为大股东自身谋取利益，因此在大股东持股比例较高，即其对公司的决策具有更重要影响时，其更可能对公司的现金水平加以控制，在公司内部保留更大量的现金，以便满足其个人的行为。营运资本的另一项重要组成内容是应收账款，当大股东可以控制公司的交易行为时，其更有可能要求公司与其个人的其他关联方进行交易时更多地采用授信模式，延缓收款，这样公司就会保持更大规模的应收账款，此时管理层对应收账款的管理也就更能体现出大股东的利益。可以看出，当公司的大股东持股比例增加，也就是其更有可能利用手中的股权对公司加以控制时，公司的营运资本管理更趋向于符合其个人行为，其向目标值的调整速度也会有所减慢。基于以上分析，本书提出假设5.1a。

假设5.1a：第一大股东持股比例与营运资本调整速度呈负相关关系，即第一大股东持股比例越高，营运资本的调整速度越慢。

在股权结构方面，除了上面论述的第一大股东持股比例以外，另一个在股权多寡方面起到重要治理作用的因素是股权制衡程度。该治理机制考察的不再是第一大股东的持股比例问题，而是将视野扩展到前十大股东的范围内。即考察第二到第十名股东是否能够在股权比例方面对大股东起到一定的制衡作用。相比于仅有少数几位股东持有公司过高比例股权的情况，当公司的股权有更多的大股东分享时，其间会发生相互制衡，任何一名或少数几名股东都无法单独地对公司的运营进行决策，必须要考虑其他股东的利益。这种制度安排本身就是一种股东内部的相互监督机制。如上文分析，当控股股东的持股比例过高时，其就会对公司有绝对的控制权，包括管理层的任命等都会受到其极大的影响。在这种情况下，大股东就很有可能做出掏空公司利益的行为，即将公司的利益转移成自己的利益，如与自己的其他利益相关方做出明显有损于公司利益的交易。当公司的其他股东持股比例增加，这种集合的力量能够与大股东相抗衡时，大股东的行为就必然会被约束。在公司内部能够发挥更好的民主决策的效力，即使当大股东做出了有损公司或其他中小股东利益的行为时，其他股东也更容易收集到达到提出反对意见的股权比例。具体到营运资本动态调整而言，当其他股东能够制衡大股东时，大股东迫使公司与其自身的其他利益关联方做出交易的可能性就会降低，即使发生了类似的交易也不会存在明显损害公司利益的情况。此时，公司能够更好地从自身利益考虑来进行营运资本的管理，当其偏离目标值时，也能够更快速地向目标值进行调整。因此，本书选择第二到第十大股东持股集中度衡量股权的制衡效应，将股权制衡控制在一定区域。基于以上分析，本书提出假设 5.1b。

假设 5.1b：第二到第十大股东持股集中度与营运资本调整速度呈正相关关系，即第二到第十大股东持股集中度越高，营运资本的调整速度越快。

公司的产权性质问题是在中国制度背景下的一个特殊问题。不同产权性质的企业之间，其行为会存在一定的差距。通常认为，国有企业一方面会在融资等方面存在着一定的优势，这也就导致了其对自身已有资源的利用没有达到最大效率的压力。另一方面，国有企业的所有权归全民所有，并由国家代行所有者权利。但是在国有企业实际运用的过程中，往往会出现所有者缺位的现象，导致国有企业的控制权往往被管理层所占有。在管理层出现为了满足自身利益的行为时，公司的运营效率就会有所减弱。沈艺峰等（2008）

发现，国有公司的管理层会因为满足自身的利益而在公司内部留存较高水平的现金。因此，国有企业具有更高的调整成本。金宇超等（2016）认为国企高管的政治动机如何作用于企业的投资行为，取决于追求政治晋升与规避政治风险的程度强弱。在反腐过程中，国企高管出于避免政治风险的动机（或追求政治晋升的动机）导致的不作为（或急于表现）倾向，会带来更多的投资不足（过度投资）；国企高管的不作为与急于表现行为都会削弱企业捕捉投资机会的能力。因此，公司的国有控股性质可能会导致公司治理存在缺陷，国有控股的公司在营运资本调整方面相比民营企业，可能效率较低，营运资本的调整成本较高，调整收益较低，调整速度较慢。基于以上分析，本书提出假设 5.1c。

假设 5.1c：企业的国有控制性质会降低营运资本的调整速度，即相比于非国有企业，国有企业的营运资本调整速度更慢。

② 董事会治理。

在公司治理的多种因素中，除了股权分配的维度之外，还可以考虑董事会的组成特征。公司的所有权归全体股东，股东按照其出资的比例在公司内行使权利，其主要的形式为对公司的重大决策进行投票。但是股东并不实际上参与到公司的管理当中。为了弥补股东的缺位，股东大会会选出一定人数的董事会，其作为所有股东的代表，在公司的日常生产经营过程中发挥监督和约束管理层的作用。在从董事会特征角度选择公司治理机制，并研究其对营运资本动态调整影响时，本书主要考察独立董事比例和董事长与总经理"两职合一"两种情况。

独立董事，是指与公司保持着某种独立关系的董事，这些董事不同于其他的来自股东选派的董事，也不同于任职于公司的董事，其与公司的唯一联系即是担任公司的董事。在公司的董事会中包含一定比例的独立董事具有以下几个方面的好处。首先，独立董事并不是直接来自大股东或其他股东，这可以在一定程度上保证董事会的中立性，促使董事会乃至公司的管理层为了整个公司或整体股东的利益来行使职权，这也降低了大股东通过董事会来操纵公司的可能性。其次，独立董事通常都是具有某种专业知识背景的人士，如法律、经济等方面的专家。这些专家加入公司的董事会，会使得董事会对于公司的重要决策更趋于合理化，在对管理层进行监督和约束的过程中，也同样可以发挥其优势。在董事会下设的某些专业委员会中，还要求必须有专业背景的独立董事参加。最后，独立董事获得任命或者市场地位，主要是依靠其在任职公司的声誉，当其在董事会决策时能够维护公司的利益，阻止公司做出损害小股东行为时，其声誉也会有所提高，这样也会获得更多担任独立董事的机会。如果其与大股东沆瀣一气，损害公司或中小股东的利益，那么其声誉也会有所下降，不仅无法获得更多的任职机会，还有可能触犯法律。詹森（1993）就指出，董事会内部如果独立董事占多数则会对管理层实施更有效的监督与约束机制。现有文献也发现董事会中独立董事比例会显著地影响盈余管理及公司业绩（高雷等，2007；王跃堂等，2006；王昌锐和倪娟，2012）。通过上述分析可以看出，公司董事会中的独立董事增加会使其经营决策更加科学，对管理层的监督作用也更为及时、准确。管理层的经营管理行为，包括对营运资本的管理也会更为合理。当公司的运营资本偏离目标值时，管理层更能够从公司整体的利益出发，对其进行调整，使其向目标值更为迅速的调整。基于以上分析，本书提出假设5.2a。

*假设5.2a：独立董事比例与营运资本调整速度呈正相关关系，即独立董事比例越高，营运资本的调整速度越快。*

从公司的权利链条来看，最高的权力机构是公司的股东大会，但是由于股东的人数众多，其不便于对公司实施日常的监督和管理。由股东大会选举产生的董事会则作为下一级的权力部门对公司的日常生产经营活动进行监督，并对全体股东负责。为了对公司日常具体的生产经营活动加以管理，董事会还会遴选出包括总经理在内的高级管理层。股东大会还会在所有的董事中选出一名董事长，负责董事会的领导工作，企业可以被视为董事会及其权利的代表。而总经理则是经营层所有管理者的代表。在公司的具体事务中，有些公司的董事长和总经理是由同一个人担任的，即"两职合一"，有些则是由不同的人员来担任，即"两职分离"。两种结构安排均有各自的优缺点。在"两职合一"的情况下，公司在董事会与管理层之间的交流会更加便利，甚至会大幅度地缓解二者之间的代理冲突问题，这样股东大会或者是董事会的相关决策也可以更加顺利地在公司内部得到执行，经营效率也可能会有所提高。但是"两职合一"的权力安排又存在着较大的弊端。此时的董事长（总经理）往往掌握着大大超过其他董事及管理者的权利，在缺少必要约束的情况下，其对公司的管理很有可能为所欲为。尤其在中国大股东普遍存在的股权分配情况下，董事长和总经理的兼任如果是由大股东所选择，那么公司很有可能通过一种"合法"的形式被该大股东掏空，此时公司的经营目标很有可能仅是满足大股东的利益，而忽略了其他股东。因此，本书认为在中国目前的经营环境下，"两职分离"更能够发挥董事会的监督治理机制，也能够更好地约束管理层的行为，李东明和邓世强（1999）就发现了"两职分离"对公司业绩的促进作用。对于营运资本而言，"两职分离"的权力配置方式也更有可能使其向目标值调整的速度加快，更有可能使营运资本维持在合理的水平区间内。基于以上分析，本书提出假设5.2b。

假设5.2b：董事长与总经理两职兼任会降低营运资本调整速度，即董事长与总经理由同一人兼任时，营运资本的调整速度更慢。

③ 高管层治理。

所谓高管是指包括总经理、副总经理以及总会计师等在内的公司高层管理人员。这些人员通常是由公司的董事会来任命的，并且在董事会的授权下负责公司的日常生产经营活动。管理层与公司的所有者之间存在着一种委托代理关系，即管理层为受托方，所有者为委托方。二者在公司中的目标是不同的。对于股东而言，其目标更主要表现为希望不断地提升公司价值，并使其最大化，这也可以使其个人的利益最大化。与此不同，管理层的利益往往是追求个人私利的最大化，包括更优越的工作空间、更高的在职消费以及更大的资产规模等。为了使二者之间的目标不断趋近，减少二者之间的代理成本，公司可以为管理层设计更为科学、合理的薪酬结构，既包括货币薪酬也包括股票薪酬。

公司的董事会任命高级管理层之后，为了更好地约束和激励其行为，需要对其为公司作出的贡献加以回报。高管薪酬就是其中的一项重要激励机制。因此，高管薪酬也被认为是一项重要的治理机制，其能够在一定程度上缓解高管与公司之间的目标差异。公司为管理层提供薪酬，是因为管理层利用自身的管理特长等对公司的日常生产经营活动加以管理。具体到公司的营运资本管理而言，当公司的高级管理人员从公司获得了令其满意的薪酬，其就更可能全心全意为公司服务，为股东的利益最大化服务，此时其在对营运资本进行管理时，也能够更符合公司的整体利益，当营运资本偏离其目标值时，企业能够更为快速地将其向目标值进行调整。公司付给管理层的薪酬，一方面，可以使得管理层感受到自身的努力得到了必要的回报，是公司或其董事会其管理层工作的肯定；另一方面，当高级管理层的薪酬不断提高时，其个人的欲望也会得到更大程度的满足，其对于通过享受在职消费，甚至是窃取公司利益来满足自身利益的渴望也会有所减小。因此，本书认为，较高的管理者持股比例会对营运资本管理效率产生积极影响。基于以上分析，本书提出假设5.3a。

假设5.3a：高管薪酬与营运资本调整速度呈正相关关系，即高管薪酬越高，营运资本的调整速度越快。

公司的所有者和经营者之间存在着委托代理关系，二者效用函数的不同导致了他们之间的利益冲突。趋近二者的效用函数可以缓解这种冲突，而管理者持股则是重要的手段之一。当管理层持有本公司股票时，其从公司所能够获得的利益不仅来自其货币性工资，还有一部分来源于股价的波动。股价上升则会增加其自身财富，与此相反，股价的下跌也必然导致其自身的利益受损。这样就把管理层的利益与公司的利益联系在了一起。通过管理层持股比例的增加，管理层与公司的利益联结会更为紧密。随着管理层持股比例的增加，其利用职务之便来谋求个人利益、侵占公司利益的行为也会减少（伯勒和米恩斯，1932）。具体到营运资本时，其对于营运资本的使用也会更为合理，在对营运资本进行调整时，会受到更小的管理层利益的阻力。在营运资本存在目标的情况下，公司的营运资本可以更为快速地向其目标调整，而不会因为管理层为达到侵占流动资产等目的而使其无法向最优目标调整。因此，基于以上分析，本书提出假设5.3b。

假设5.3b：高管持股比例与营运资本调整速度呈正相关关系，即高管持股比例越高，营运资本的调整速度越快。

# 5.2 研究设计

## 5.2.1 样本选取

（1）数据来源

本书选取在中国沪深两市上市的 A 股制造业公司为样本，避免行业间差异对公司营运资本调整产生的影响，主要使用的数据包括上市公司相关财务报表信息、上市公司的公司治理信息与实际控制人信息，除上市公司的实际控制人信息取自上海万德数据库（Wind）外，其余数据均来自深圳国泰安信息技术有限公司与香港理工大学相互合作的中国股票市场研究数据库（CSMAR），即国泰安数据库。本书以中国证监会 2001 年发布的《上市公司行业分类指引》为依据对上市公司进行相应的行业划分。

（2）时间窗口

为了观察上市公司营运资本在连续多期视角下的调整行为，同时由于公司治理数据库始建于 1999 年，考虑到数据的可获得性，本书选取 2000 ~ 2015 年为实证检验的时间窗口。鉴于研究的模型设定需要滞后一期变量，因此实际样本采集区间为 1999 ~ 2015 年。

（3）样本筛选

为避免样本缺失、离群等因素对实证结论造成的影响，本书对样本进行了以下筛选：

第一，本书选取 2000 ~ 2015 年沪深两市的 A 股制造业上市公司，剔除该区间内被执行 ST 或 *ST 的样本，排除非正常经营样本对实证研究的干扰；

第二，为避免交叉上市对公司治理水平与营运资本持有水平的影响，本书将同时发行 B 股或 H 股的上市公司从样本中剔除；

第三，为避免缺失值的影响，剔除相关数据缺失的样本。

经上述处理后，本书选取了包含 1061 家公司 8701 个观测值的非平衡面

板数据为研究对象，为进一步消除离群值的影响，本书对主要变量进行了
1% 水平的 Winsorized 处理。本书的所有数据处理均借助 Stata13.0 完成。

## 5.2.2 变量定义

根据本书第 2 章对公司治理的维度划分，将公司治理划分为股东结构、
董事会治理和高管层治理三个维度，在已有研究的基础上结合本书的研究主
题分别选取了 7 项指标，以期全面概况反映这三个维度的治理状况。变量的
具体定义如表 5.1 所示。第一大股东持股比例（$Top1$）代表第一大股东对公
司的实际控制权大小，持股比例越高则第一大股东的实际权力越大，更容易
发生自利性行为。第二到第十大股东持股集中度（$Top2-10$），该指标的使
用借鉴了白重恩（2005）的做法，将其视为对第一大股东的实施自利性行
为的监管和制约机制，反映公司的股权结构与控制权的分布状况。具体计算
时，将 $Top2-10$ 定义为第二到第十大股东持股比例的平方和，即持股比例
的赫芬达尔指数（HHI），该指数的计算会产生"马太效应"，持股比例较高
的股东将被赋予更高权重，从而凸显股东持股比例间的差距，进而反映股东
间的力量差距和股东持股的集中度。$Top2-10$ 越大，则第二到第十大股东的
持股越集中，对第一大股东的监管与约束能力越强，反之则股权较为分散，
对公司控制权的争夺和对第一大股东的制约越弱。公司性质（$SOE$）反映了
中国特色的上市公司股权结构特征，对公司治理的影响较大，本书根据
Wind 数据库资料将上市公司按实际控制人的性质划分为国有公司和非国有
公司。独董比例（$Indirector$）表示上市公司董事会成员中独立董事所占的比
例，反映董事会的治理机制；兼任（$Dual$）表示公司的董事长和总经理是否
由同一人兼任，若由同一人兼任，则董事会对高管的监督作用将被弱化；高
管层治理中，本书选取了高管薪酬（$Salary$）和高管持股比例（$Share\_sen$）
进行衡量，原因在于基于货币的薪酬合约和股票期权高管层激励机制的重要
内容，中国上市公司主要依赖对高管实施货币薪酬奖励，同时辅以一定的股
票期权。高管薪酬和高管持股比例越高，则表明公司对高管层的激励越大，
薪酬与业绩的敏感性越大。

表 5.1　　　　　　　　　　　公司治理各变量的定义

| 维度 | 变量含义 | 变量 | 计算方法 |
|---|---|---|---|
| 股权结构 | 第一大股东持股比例 | $Top1$ | 第一大股东持股数量/总股数 |
| | 第二到第十大股东持股集中度 | $Top2-10$ | 第二到第十大股东持股比例的平方和 |
| | 公司性质 | $SOE$ | 实际控制人为中央或地方政府，则将 $SOE$ 赋值为 1，其余为 0 |
| 董事会治理 | 独董比例 | $Indirector$ | 独立董事人数/董事会总人数 |
| | 兼任 | $Dual$ | 董事长与总经理由同一人兼任，则将 $Dual$ 赋值为 1，其余为 0 |
| 高管层治理 | 高管薪酬 | $Salary$ | ln（前三名高管薪酬总额 +1） |
| | 高管持股比例 | $Share\_sen$ | 高管持股数量/总股数 |

## 5.2.3　模型设定

为检验公司治理对营运资本调整速度的影响，本书在第 4 章的局部调整模型的基础上，加入公司治理变量，构建营运资本的拓展模型，具体模型和推导过程如下：

$$NWC_{it} - NWC_{it-1} = \lambda\left(NWC_{it}^* - NWC_{it-1}\right) + \varepsilon_{it} \qquad (5.1)$$

式（5.1）为标准的局部调整模型。其中，$NWC_{it}$ 和 $NWC_{it-1}$ 分别表示 $i$ 公司在 $t$ 年和 $t-1$ 年末的营运资本，$NWC_{it}^*$ 表示 $i$ 公司在 $t$ 年的目标营运资本。回归系数 $\lambda$ 表示公司实际营运资本与目标营运资本之间的差距在以平均每年 $\lambda$ 的速度调整，即 $\lambda$ 为营运资本趋向目标的调整速度，若 $\lambda > 0$，则表示营运资本的实际调整方向与拟调整方向相同；若 $\lambda < 0$，则表示营运资本的实际调整方向与拟调整方向相反。当 $0 < \lambda < 1$ 时，$|\lambda|$ 越大，表示公司营运资本的调整速度越快。

为了进一步替代式（5.1）中的 $NWC_{it}^*$，本书借鉴已有研究成果对目标营运资本进行拟合，目标营运资本的估计模型如式（5.2）所示：

$$NWC_{it}^* = \beta X_{it-1} + \nu_i + \varepsilon_{it} \tag{5.2}$$

其中，$vi$ 为公司特殊的非观测效应，表明该估计模型应选用固定效应模型进行估计。$X_{it-1}$ 表示一系列影响公司营运资本持有水平的因素的滞后值，包括经营性现金流量、成长性、盈利能力、公司规模、市账比、财务困境、融资成本、固定资产占比、经济周期和货币政策等 10 个指标，具体定义及检验已在第 4 章列示，此处不再赘述。本书采用同时估计目标营运资本和营运资本调整速度的方法，以避免两步法（即先估计目标营运资本，再估计调整速度）造成的估计偏误。将式（5.2）代入式（5.1），整理后得到：

$$NWC_{it} = (1 - \lambda) NWC_{it-1} + \lambda \beta X_{it-1} + \nu_i + \varepsilon_{it} \tag{5.3}$$

式（5.3）中的营运资本调整速度仍为 $\lambda$。为了进一步检验公司治理对营运资本调整速度的影响，将滞后一期的公司治理变量分别代入式（5.3），得到扩展后的局部调整模型：

$$NWC_{it} = (1 - \lambda + \eta Gov_{it-1}) NWC_{it-1} + \gamma Gov_{it-1} + \lambda \beta X_{it-1} + \nu_i + \varepsilon_{it} \tag{5.4}$$

本书使用 $Gov$ 代表公司治理的各个变量，即表 5.1 中定义的各公司治理指标。此时营运资本的调整速度为 $\lambda' = \lambda - \eta Gov_{it-1}$，而公司治理各变量 $Gov$ 均为正值，因此如果 $\eta$ 的符号显著为负，则说明公司治理变量值越大，营运资本调整的速度越快；反之，若 $\eta$ 的符号显著为正，则表明公司治理变量与营运资本调整速度之间呈反向关系。

# 5.3 实证结果分析

## 5.3.1 描述性统计分析

本书首先对公司治理的各主要变量进行了描述性统计分析，希望通过分析变量的数据特征，对中国上市公司的公司治理情况有一个直观的认识和整体的把握，为之后的回归分析奠定基础。表 5.2 报告了模型中各主要变量的描述性统计分析结果。

表 5.2　　　　　　　　公司治理各变量的描述性统计分析

| 变量 | 观测值 | 均值 | 中位数 | 标准差 | 最小值 | 最大值 |
|---|---|---|---|---|---|---|
| $Top1$ | 8701 | 0.369 | 0.352 | 0.154 | 0.034 | 0.900 |
| $Top2 - 10$ | 8701 | 0.350 | 0.314 | 0.155 | 0.091 | 0.868 |
| $SOE$ | 8701 | 0.427 | 0.000 | 0.495 | 0.000 | 1.000 |
| $Indirector$ | 8701 | 0.354 | 0.333 | 0.067 | 0.000 | 0.667 |
| $Dual$ | 8701 | 0.213 | 0.000 | 0.409 | 0.000 | 1.000 |
| $Salary$ | 8701 | 13.613 | 13.696 | 0.970 | 0.000 | 17.352 |
| $Share\_sen$ | 8701 | 0.037 | 0.000 | 0.104 | 0.000 | 0.808 |

通过对表 5.2 进行数据分析可以发现,除营运资本、公司性质、兼任和高管薪酬外,其余各指标的标准差均不超过 0.16,标准差较小说明这些变量的波动性低。而不同公司的高管薪酬差异性较大,说明公司对高管的激励程度随自身经营业绩及薪酬合约的不同而波动较大。具体而言,第一大股东持股比例 ($Top1$) 的标准差是 0.154,数据波动性较小;均值和中位数分别为 0.369 和 0.352,表明中国制造业上市公司第一大股东持股比例超过了 30%,股权集中程度较高;最大值和最小值分别是 0.900 和 0.034,表明中国一些制造业上市公司中,第一大股东对企业具有绝对的控制权,而有些企业的股权则较为分散。第二到第十大股东持股集中度 ($Top2 - 10$) 计算的是持股比例的赫芬达尔指数 (HHI),因此其越接近 0,表明第二到第十大股东的持股比例差距越小,持股集中度越低。通常来说,当持股集中度 > 0.25 时,即认为股东持股比例差距过大,股权分布不平衡。本研究计算的 $Top2 - 10$ 的均值和中位数为 0.350 和 0.314,说明第二到第十大股东持股差距较大,股权分布不平衡,股权集中度较高,其最大值和最小值分别是 0.868 和 0.091,表明不同公司的股权分布差异性较大。公司性质 ($SOE$) 为哑变量,其中位数和均值分别为 0 和 0.427,国有公司数据占总观测值的 42.7%,表明样本中非国有公司多于国有公司。独立董事比例 ($Indirector$) 均值是

0.354，表明中国制造业上市公司大部分执行了证监会的指导意见，独立董事的人数超过了董事会全体人数的 1/3，但是中位数是 0.333，也同时说明中国大部分制造业上市公司独立董事的比例只是达到了最低的标准，独立董事规模的设置大多是为了满足证监会硬性规定的要求，独立董事制度有待进一步加强，独立董事的监督和治理机制应当得到企业更为广泛的关注。兼任（Dual）同样为哑变量，其均值和中位数分别为 0.213 和 0，表明 21.3% 的样本表现为两职兼任，且非兼任状况多于兼任。高管薪酬（Salary）的均值和中位数分别为 13.613 和 13.696，数据分布未表现出明显的左偏或右偏状态，最大值和最小值分别为 17.352 和 0，表明薪酬信息并不完备；高管持股比例（Share_sen）的中位数和均值分别为 0 和 0.037，数据明显右偏，表明制造业上市公司较少利用股票期权这一工具进行高管激励。

## 5.3.2 单变量检验

在正式回归之前，为了考察营运资本与公司治理之间的关系，以便于初步判断不同营运资本持有水平下公司治理是否存在显著差异，本书参考欧普勒（1999）的做法，根据公司营运资本持有水平（NWC）的高低将样本等分为四个区间，然后分别统计各变量的均值，并采用 t 统计量对第 1 四分位和第 4 四分位上各变量均值的差异进行检验。表 5.3 列示了单因素分析的检验结果，可以看出，第 1 四分位和第 4 四分位的营运资本占营业收入的比例分别为 4.5% 和 93.7%，二者差异在 1% 水平上显著。而公司治理各变量在营运资本最低组和营运资本最高组之间均表现出显著的差异，具体而言，相较于营运资本持有较少组，第一大股东持股比例的均值随营运资本持有的增多而降低；而第二到第十大股东持股集中度则表现出上下波动态势。与第一大股东持股比例类似，公司性质也表现出随营运资本持有水平的增多而降低的关系，即营运资本持有较多组的公司多为非国有公司。独董比例同样表现出与营运资本持有水平的负相关关系。而兼任则多出现在营运资本持有较多的组中。高管薪酬的均值随营运资本持有的增多而降低。而高管持股比例均值的变动则并不明显。综上所述，公司治理各变量在第 1 四分位和第 4 四分位的均值差异均在 1% 水平上显著，表明不同营运资本持有水平下公司治理特征存在显著差异。

表 5.3                  不同营运资本水平下公司治理各变量的均值

| NWC<br>区间 | 第 1 四分位<br>[ - 0.512,<br>0.144)<br>N = 2176 | 第 2 四分位<br>[0.144,<br>0.280)<br>N = 2175 | 第 3 四分位<br>[0.280,<br>0.491)<br>N = 2175 | 第 4 四分位<br>[0.491,<br>8.634]<br>N = 2175 | 差额 | t 值 |
|---|---|---|---|---|---|---|
| NWC | 0.048 | 0.211 | 0.375 | 0.937 | - 0.889 *** | - 62.981 |
| Top1 | 0.391 | 0.368 | 0.364 | 0.354 | 0.037 *** | 7.584 |
| Top2 - 10 | 0.362 | 0.351 | 0.339 | 0.349 | 0.013 *** | 2.746 |
| SOE | 0.545 | 0.421 | 0.371 | 0.369 | 0.176 *** | 11.825 |
| Indirector | 0.358 | 0.358 | 0.354 | 0.345 | 0.013 *** | 6.015 |
| Dual | 0.149 | 0.220 | 0.245 | 0.241 | - 0.092 *** | - 7.130 |
| Salary | 13.770 | 13.730 | 13.640 | 13.310 | 0.456 *** | 15.053 |
| Share_sen | 0.022 | 0.041 | 0.046 | 0.041 | - 0.019 *** | - 6.538 |

注：（1）***、**、*分别表示在 1%、5%、10% 水平上显著；（2）第 1 四分位到第 4 四分位分别报告了各变量在相应区间内的均值；（3）差额与 t 值为各变量的第 1 四分位与第 4 四分位均值的差异性检验值。

## 5.3.3 相关性分析

为了进一步考察营运资本与公司治理各变量间的相关关系，初步判断公司治理各变量对营运资本的影响，本书对主要解释变量（公司治理各变量）和被解释变量（营运资本）进行了 Pearson 和 Spearman 相关性检验，结果列示在表 5.4 中。可以看出，第一大股东持股比例与营运资本呈显著负相关关系，验证了前述单变量检验的结果，表明第一大股东持股比例较高的公司更倾向于采取较为激进的营运资本持有策略，从而将营运资本维持在较低水平；第二到第十大股东持股集中度与营运资本的关系则并不明朗，在 Pearson 检验中并不显著，而其 Spearman 相关系数则呈显著负相关；公司性质与营运资本呈显著负相关关系，与前述单变量检验结果一致，说明相对于国有公司而言非国有公司在融资渠道和融资成本上处于劣势，更倾向于持有较多的营运资本以预防资金短缺风险；独董比例与营运资本同样呈显著负相关关系，表明独董比例较高的公司，董事会的监管机制更强，能够将营运资本维持在较低水平；兼任则与营运资本呈显著正相关关系，表明"两职合一"的公司更倾向于采取稳健的营运资本持有策略；高管薪酬与营运资本呈显著负相关关系，同前述单变量检验结果一致，说明对高管实施更强的薪酬激励有助于高管提高公司的营运资本使用效率，加快营运资本的周转；高管持股比例与营运资本的关系并不显著，可能的原因在于中国制造业上市公司较少采用股权激励政策，使得股票期权工具的激励作用并不明显。从公司治理各变量间的相关系数来看，各变量间多存在显著的相关关系，说明公司治理各变量具有较强的相关性。

表 5.4　　　　　　　　营运资本与公司治理各变量的相关性分析

| 变量 | NWC | Top1 | Top2 – 10 | SOE | Indirector | Dual | Salary | Share_sen |
|---|---|---|---|---|---|---|---|---|
| Top1 | − 0.061 *** | 1.000 | 0.392 *** | 0.227 *** | − 0.044 *** | − 0.066 *** | − 0.068 *** | − 0.168 *** |
| Top2 – 10 | 0.006 | 0.307 *** | 1.000 | 0.321 *** | − 0.051 *** | − 0.124 *** | − 0.197 *** | − 0.269 *** |
| SOE | − 0.113 *** | 0.231 *** | 0.309 *** | 1.000 | − 0.078 *** | − 0.216 *** | − 0.089 *** | − 0.325 *** |
| Indirector | − 0.080 *** | − 0.073 *** | − 0.056 *** | − 0.084 *** | 1.000 | 0.078 *** | 0.217 *** | 0.048 *** |
| Dual | 0.057 *** | − 0.072 *** | − 0.111 *** | − 0.216 *** | 0.086 *** | 1.000 | 0.112 *** | 0.254 *** |
| Salary | − 0.201 *** | − 0.095 *** | − 0.188 *** | − 0.090 *** | 0.278 *** | 0.104 *** | 1.000 | 0.226 *** |
| Share_sen | 0.013 | − 0.074 *** | − 0.252 *** | − 0.293 *** | 0.151 *** | 0.402 *** | 0.153 *** | 1.000 |

注：（1）***、**、*分别表示在1%、5%、10%水平上显著；（2）对角线左下方为Pearson相关系数，对角线右上方为Spearman相关系数。

## 5.3.4　回归结果分析

在前述分析的基础上，本部分对式（5.4）进行了实证检验，分别验证本章假设是否成立。参照本书第4章对局部调整模型的方法筛选过程，此处同样采用系统GMM方法对式（5.4）进行回归，回归结果如表5.5所示。

表5.5　　　　　　　　公司治理与营运资本动态调整的检验结果

| 变量 | （1）Top1 | （2）Top2-10 | （3）SOE | （4）Indirector | （5）Dual | （6）Salary | （7）Share_sen |
|---|---|---|---|---|---|---|---|
| NWC | 0.194***<br>(5.627) | 0.492***<br>(7.964) | 0.381***<br>(5.854) | 0.467***<br>(8.452) | 0.460***<br>(9.632) | 0.452***<br>(28.260) | 0.431***<br>(7.130) |
| NWC×Gov | 0.743***<br>(2.899) | -0.073**<br>(-2.334) | 0.224***<br>(2.860) | -0.035***<br>(-2.981) | 0.193**<br>(2.336) | -0.014***<br>(-5.026) | 0.209<br>(0.297) |
| Gov | -0.249*<br>(-1.701) | 0.061<br>(0.981) | -0.187***<br>(-4.68) | 0.100<br>(1.457) | -0.059**<br>(-2.502) | -0.012**<br>(-2.126) | -0.206<br>(-1.145) |
| OCF | -0.191**<br>(-2.340) | -0.209***<br>(-2.596) | -0.205**<br>(-2.552) | -0.206**<br>(-2.351) | -0.120<br>(-1.368) | -0.211***<br>(-5.106) | -0.195**<br>(-2.398) |
| GROWTH | -0.050***<br>(-3.173) | -0.059***<br>(-3.393) | -0.059***<br>(-3.604) | -0.056***<br>(-3.450) | -0.026***<br>(-2.681) | -0.059***<br>(-7.226) | -0.057***<br>(-3.599) |
| REVN | -0.009<br>(-0.117) | -0.035<br>(-0.437) | -0.031<br>(-0.384) | -0.039<br>(-0.466) | 0.079<br>(1.396) | -0.012<br>(-0.404) | -0.021<br>(-0.260) |
| SIZE | -0.055***<br>(-3.457) | -0.055***<br>(-4.841) | -0.056***<br>(-4.744) | -0.061***<br>(-4.913) | -0.037***<br>(-3.476) | -0.046***<br>(-7.289) | -0.059***<br>(-5.266) |
| M/B | 0.009<br>(1.118) | 0.007<br>(0.886) | 0.006<br>(0.795) | 0.005<br>(0.769) | 0.006<br>(0.842) | 0.007<br>(1.533) | 0.008<br>(1.040) |
| FD | -0.028<br>(-0.894) | -0.032<br>(-1.135) | -0.038<br>(-1.346) | -0.030<br>(-0.989) | -0.044*<br>(-1.698) | -0.044***<br>(-3.659) | -0.035<br>(-1.191) |
| FCOST | 0.219***<br>(2.767) | 0.212**<br>(2.489) | 0.160*<br>(1.814) | 0.237***<br>(2.601) | 0.082<br>(1.091) | 0.192***<br>(2.596) | 0.170**<br>(2.121) |
| FA | -0.204**<br>(-2.531) | -0.252**<br>(-2.510) | -0.248***<br>(-3.243) | -0.212**<br>(-2.516) | -0.130*<br>(-1.879) | -0.235***<br>(-7.242) | -0.242***<br>(-3.064) |
| GDP_Growth | -0.833***<br>(-5.814) | -0.853***<br>(-5.863) | -0.959***<br>(-6.848) | -0.977***<br>(-7.055) | -0.781***<br>(-4.765) | -0.979***<br>(-8.796) | -0.945***<br>(-6.537) |
| MP | -0.181**<br>(-2.309) | -0.187***<br>(-2.778) | -0.216***<br>(-3.490) | -0.217***<br>(-3.148) | -0.221***<br>(-3.949) | -0.194***<br>(-4.768) | -0.220***<br>(-3.422) |
| Constant | 1.618***<br>(4.335) | 1.532***<br>(5.682) | 1.590***<br>(5.771) | 1.658***<br>(5.786) | 1.112***<br>(4.603) | 1.556***<br>(13.494) | 1.670***<br>(6.204) |
| AR(2)P值 | 0.124 | 0.106 | 0.116 | 0.114 | 0.227 | 0.108 | 0.103 |
| Sargan P值 | 0.372 | 0.412 | 0.235 | 0.392 | 0.317 | 0.265 | 0.389 |
| N | 8701 | 8701 | 8701 | 8701 | 8701 | 8701 | 8701 |

注：（1）***、**、*分别表示在1%、5%、10%水平上显著；（2）括号中为经Windmeijer调整后的z值；（3）Gov代指公司治理各变量，即Top1～Share_sen，NWC×Gov表示公司治理各变量与营运资本的交乘项。

　　首先，从各变量回归的 AR(2) 和 Sargan 检验值可知，各 AR(2) 的 P 值均大于 0.1，模型仅存在一阶自相关而不存在二阶自相关，适用于系统 GMM 方法，Sargan 统计量的 P 值均大于 0.1，拒绝模型存在过度识别的原假设，表明所有检验的工具变量使用较为合理，由此证明该回归结果符合系统 GMM 方法的一般要求，结论较为可靠。值得注意的是，本部分报告的是两部系统广义矩估计结果，但是在有限样本条件下，该方法获得的标准差会存在严重的向下偏移（邦德等，2001），因此本书使用温德梅耶尔（2005）调整来减少这种向下偏移，使回归结果更加稳健。其次，从各变量与营运资本的交乘项（$NWC \times Gov$）的系数来看，此时营运资本的调整速度为 $\lambda' = \lambda - \eta Gov_{it-1}$，由于公司治理各变量均为正值，因此，当 $\eta > 0$ 时，则表明该公司治理变量对营运资本调整速度起到反向作用；反之，当 $\eta < 0$ 时，则证明该公司治理变量能够提高营运资本的调整速度。第（1）列列示的营运资本与第一大股东持股比例的交乘项系数为 0.743，且在 1% 水平上显著，表明第一大股东持股比例越高，营运资本的调整速度越慢，支持了假设 5.1a。第（2）列显示的第二到第十大股东持股集中度与营运资本交乘项的系数为 −0.073，且在 5% 水平上显著，证明第二到第十大股东持股集中度越高，对第一大股东的监督和制约能力越强，有利于加快营运资本的调整速度，由此验证了假设 5.1b。第（3）列的公司性质与营运资本交乘项系数显著为正，表明相比于非国有公司而言，实际控制人为地方或中央政府的公司对营运资本的管理能力更弱，而且由于其拥有较为宽裕的融资渠道和低廉的融资成本，因此其营运资本调整速度更慢，实证结果验证了假设 5.1c。第（4）列独董比例与营运资本的交乘项系数为 −0.035，并且在 1% 水平上显著，表明公司独董比例越高，营运资本调整速度就越快，独董比例对公司营运资本的管理起到重要的监督促进作用，进而支持了假设 5.2a。第（5）列列示了董事长和总经理两职兼任对营运资本调整速度的影响，从交乘项系数可知，两职兼任不利于公司营运资本调整速度的加快，验证了假设 5.2b，可能的原因在于兼任降低了董事会对高管的监督作用，使得董事会的监督管理功能难以发挥。第（6）列显示了高管薪酬对营运资本调整速度的影响，交乘项系数显著为负，表明高管薪酬越高，公司对高管的薪酬激励作用越强，

公司营运资本的调整速度就越快，证明了假设 5.3a。第（7）列中高管持股比例与营运资本交乘项的回归结果并不显著，无法直接验证假设 5.3b，可能的原因在于中国制造业上市公司较少使用股票期权作为高管激励工具，而更多依赖于以货币为基础的薪酬激励。上述分析和实证检验结果基本证明了本章提出的研究假设，表明公司治理对营运资本动态调整的作用十分显著，而且不同治理机制的影响存在较大差异。

## 5.4　稳健性检验

为了保证本章研究结论的稳健性，本部分选择营运资本的两个替代变量（NWC2 和 NWC3）分别对式（5.4）进行了稳健性检验。检验结果如表 5.6 和表 5.7 所示。表 5.6 中各回归结果均通过了 AR(2) 和 Sargan 检验，表明数据存在一阶自相关而不存在二阶自相关，而且工具变量使用合理并不存在过度识别问题，由此判断回归结果较为可靠。从营运资本与公司治理各变量的交乘项系数来看，系数正负与预期相同，支持了本章的研究假设。具体而言，第一大股东持股比例能够显著降低营运资本的调整速度，对调整起到抑制作用；第二到第十大股东持股集中度越高，其治理作用越明显，更有利于防止第一大股东的自利性行为，从而促进营运资本调整速度的加快；而国有的公司性质在公司治理机制的作用发挥上较非国有公司更弱，对营运资本调整速度的抑制作用明显；董事会中独立董事人数占比代表董事会的监督机制的有效性，通常来说独董比例越高，董事会的监督作用越大，更有利于促进营运资本加快调整；"两职合一"则反映公司的董事会治理机制与高管层治理机制的模糊化，不利于厘清权责关系，削弱了董事会的监督作用，由此降低了营运资本的调整速度；高管薪酬作为公司重要的高管激励机制，是中国上市公司普遍采用的一种公司治理工具，高管薪酬越高，表明公司对高管的激励效应越强，越能够促进高管维护公司利益，加快营运资本的调整；高管持股比例与高管薪酬的作用类似，但是在前文分析中，其与营运资本交乘项的系数并不显著，而在稳健性分析中，该指标结果显著为负，表明不同的营运资本定义方式下高管持股比例对营运资本调整速度的正向作用存在差异，稳健性检验结果支持了假设5.3b，表明高管持股比例有助于促进公司营运资本调整速度的加快。

表5.6 营运资本替代变量的稳健性检验结果1

| 变量 | (1)<br>Top1 | (2)<br>Top2-10 | (3)<br>SOE | (4)<br>Indirector | (5)<br>Dual | (6)<br>Salary | (7)<br>Share_sen |
|---|---|---|---|---|---|---|---|
| NWC2 | 0.343 ***<br>(3.205) | 0.512 ***<br>(5.264) | 0.513 ***<br>(8.482) | 0.536 ***<br>(3.771) | 0.439 ***<br>(6.291) | 0.131 ***<br>(6.057) | 0.496 ***<br>(8.228) |
| NWC2×Gov | 0.538 **<br>(2.082) | -0.014 ***<br>(-3.078) | 0.053 ***<br>(2.984) | -0.020 ***<br>(-3.048) | 0.165 ***<br>(3.580) | -0.031 ***<br>(-3.176) | -0.806 ***<br>(-4.030) |
| Gov | -0.275<br>(-1.514) | -0.174<br>(-1.241) | -0.030<br>(-1.563) | 0.132<br>(0.443) | 0.075 *<br>(1.685) | 0.010<br>(0.095) | -0.641 ***<br>(-2.999) |
| OCF | 0.200<br>(0.982) | 0.172<br>(1.000) | 0.211<br>(1.123) | 0.192<br>(0.740) | 0.280<br>(1.468) | 0.183<br>(0.594) | 0.202<br>(1.064) |
| GROWTH | -0.005<br>(-0.204) | -0.011<br>(-0.463) | 0.003<br>(0.140) | -0.010<br>(-0.241) | 0.017<br>(0.780) | -0.000<br>(-0.002) | -0.023<br>(-0.988) |
| REVN | 0.374 *<br>(1.763) | 0.386 *<br>(1.775) | 0.377 *<br>(1.749) | 0.388 **<br>(2.403) | 0.541 **<br>(2.182) | 0.424<br>(1.177) | 0.392 *<br>(1.792) |
| SIZE | 0.012<br>(0.543) | 0.013<br>(0.738) | 0.018<br>(1.017) | 0.010<br>(0.230) | -0.013<br>(-0.701) | 0.010<br>(0.153) | 0.023<br>(1.329) |
| M/B | -0.046 **<br>(-2.433) | -0.049 ***<br>(-3.142) | -0.058 ***<br>(-3.948) | -0.053 **<br>(-2.223) | -0.041 **<br>(-2.537) | -0.045<br>(-1.030) | -0.060 ***<br>(-4.132) |
| FD | -0.132 **<br>(-2.278) | -0.132 *<br>(-1.856) | -0.138 ***<br>(-2.949) | -0.146<br>(-1.098) | -0.144 **<br>(-2.537) | -0.138<br>(-0.839) | -0.136 ***<br>(-2.645) |
| FCOST | 0.610 ***<br>(2.864) | 0.606 ***<br>(3.172) | 0.689 ***<br>(3.954) | 0.609 **<br>(2.040) | 0.536 ***<br>(3.350) | 0.544 *<br>(1.929) | 0.570 ***<br>(3.612) |
| FA | -0.189<br>(-1.251) | -0.274<br>(-1.508) | -0.223 *<br>(-1.666) | -0.212<br>(-0.624) | -0.233<br>(-1.644) | -0.229<br>(-0.427) | -0.236<br>(-1.623) |
| GDP_Growth | -1.654 ***<br>(-3.336) | -1.702 ***<br>(-3.496) | -1.718 ***<br>(-3.860) | -1.730 **<br>(-2.255) | -2.040 ***<br>(-4.037) | -1.559<br>(-0.765) | -1.796 ***<br>(-3.761) |
| MP | -0.136<br>(-0.901) | -0.116<br>(-0.936) | -0.153<br>(-1.118) | -0.171<br>(-0.752) | -0.160<br>(-1.106) | -0.091<br>(-0.346) | -0.173<br>(-1.259) |

续表

| 变量 | (1)<br>Top1 | (2)<br>Top2 – 10 | (3)<br>SOE | (4)<br>Indirector | (5)<br>Dual | (6)<br>Salary | (7)<br>Share_sen |
|---|---|---|---|---|---|---|---|
| Constant | 0.229<br>(0.447) | 0.197<br>(0.457) | 0.039<br>(0.098) | 0.146<br>(0.162) | 0.700<br>(1.551) | 0.021<br>(0.011) | – 0.046<br>(– 0.117) |
| AR（2）P 值 | 0.381 | 0.387 | 0.381 | 0.385 | 0.160 | 0.391 | 0.362 |
| Sargan P 值 | 0.645 | 0.578 | 0.145 | 0.688 | 0.597 | 0.649 | 0.833 |
| N | 8701 | 8701 | 8701 | 8701 | 8701 | 8701 | 8701 |

注：（1）***、**、* 分别表示在 1%、5%、10% 水平上显著；（2）括号中为经 Windmeijer 调整后的 z 值；（3）Gov 代指公司治理各变量，即 Top1 ~ Share_sen，NWC2 × Gov 表示公司治理各变量与营运资本的交乘项。

表 5.7 　　　　　　　　　营运资本替代变量的稳健性检验结果 2

| 变量 | (1)<br>Top1 | (2)<br>Top2 – 10 | (3)<br>SOE | (4)<br>Indirector | (5)<br>Dual | (6)<br>Salary | (7)<br>Share_sen |
|---|---|---|---|---|---|---|---|
| NWC3 | 0.584 ***<br>(5.106) | 0.546 ***<br>(4.911) | 0.658 ***<br>(17.927) | 0.587 ***<br>(3.178) | 0.602 ***<br>(10.361) | 0.144 ***<br>(6.124) | 0.654 ***<br>(18.474) |
| NWC3 × Gov | 0.120 ***<br>(3.516) | – 0.272 ***<br>(– 2.907) | 0.020 ***<br>(3.351) | – 0.282 ***<br>(– 2.832) | 0.057 **<br>(2.267) | – 0.039 **<br>(– 2.423) | – 0.099 *<br>(– 1.527) |
| Gov | 0.075 *<br>(1.648) | – 0.088 **<br>(– 1.980) | – 0.208 **<br>(– 2.315) | – 0.017<br>(– 0.137) | 0.015<br>(1.360) | – 0.008<br>(– 0.424) | 0.084 *<br>(1.765) |
| OCF | 0.012<br>(0.369) | 0.015<br>(0.483) | 0.018<br>(0.602) | 0.025<br>(0.719) | 0.030<br>(1.049) | 0.015<br>(0.320) | 0.016<br>(0.545) |
| GROWTH | – 0.010 **<br>(– 2.305) | – 0.009 **<br>(– 2.264) | – 0.012 ***<br>(– 3.013) | – 0.011 **<br>(– 2.525) | – 0.014 ***<br>(– 2.725) | – 0.012<br>(– 1.373) | – 0.011 ***<br>(– 2.850) |
| REVN | 0.006<br>(0.277) | 0.009<br>(0.421) | 0.008<br>(0.402) | 0.010<br>(0.471) | 0.034 *<br>(1.715) | 0.010<br>(0.412) | 0.008<br>(0.360) |
| SIZE | – 0.008 ***<br>(– 2.743) | – 0.010 ***<br>(– 3.640) | – 0.010 ***<br>(– 4.207) | – 0.013 ***<br>(– 4.161) | – 0.008 *<br>(– 1.741) | – 0.010<br>(– 1.586) | – 0.011 ***<br>(– 4.367) |
| M/B | – 0.003<br>(– 0.972) | 0.001<br>(0.195) | – 0.001<br>(– 0.255) | – 0.002<br>(– 0.515) | – 0.001<br>(– 0.378) | – 0.001<br>(– 0.143) | – 0.000<br>(– 0.028) |
| FD | – 0.023 ***<br>(– 2.851) | – 0.024 ***<br>(– 3.029) | – 0.025 ***<br>(– 3.152) | – 0.017 **<br>(– 2.096) | – 0.024 **<br>(– 2.374) | – 0.023<br>(– 0.931) | – 0.022 ***<br>(– 2.814) |

续表

| 变量 | (1)<br>Top1 | (2)<br>Top2 – 10 | (3)<br>SOE | (4)<br>Indirector | (5)<br>Dual | (6)<br>Salary | (7)<br>Share_sen |
|------|------|------|------|------|------|------|------|
| FCOST | 0.022<br>(0.790) | 0.030<br>(1.081) | 0.018<br>(0.749) | 0.035<br>(1.271) | 0.009<br>(0.379) | 0.020<br>(0.501) | 0.036<br>(1.466) |
| FA | 0.017<br>(0.492) | 0.030<br>(0.983) | 0.029<br>(1.220) | 0.016<br>(0.531) | 0.042<br>(0.713) | 0.023<br>(0.251) | 0.035<br>(1.398) |
| GDP_Growth | −0.183 ***<br>(−2.740) | −0.214 ***<br>(−3.331) | −0.203 ***<br>(−3.015) | −0.251 ***<br>(−3.158) | −0.116<br>(−0.988) | −0.239 *<br>(−1.878) | −0.188 ***<br>(−2.817) |
| MP | −0.135 ***<br>(−4.644) | −0.145 ***<br>(−5.198) | −0.136 ***<br>(−4.893) | −0.133 ***<br>(−4.361) | −0.113 ***<br>(−3.424) | −0.139 ***<br>(−2.794) | −0.141 ***<br>(−5.078) |
| Constant | 0.184 ***<br>(2.632) | 0.285 ***<br>(4.211) | 0.259 ***<br>(4.595) | 0.327 ***<br>(4.461) | 0.204 **<br>(2.131) | 0.358<br>(1.549) | 0.258 ***<br>(4.545) |
| AR(2)P 值 | 0.198 | 0.104 | 0.103 | 0.107 | 0.512 | 0.105 | 0.110 |
| Sargan P 值 | 0.765 | 0.735 | 0.157 | 0.793 | 0.639 | 0.762 | 0.668 |
| N | 8701 | 8701 | 8701 | 8701 | 8701 | 8701 | 8701 |

注：(1) *** 、** 、* 分别表示在 1% 、5% 、10% 水平上显著；(2) 括号中为经 Windmeijer 调整后的 z 值；(3) Gov 代指公司治理各变量，即 Top1 ~ Share_sen，NWC3 × Gov 表示公司治理各变量与营运资本的交乘项。

表 5.7 中各回归结果也通过了各回归结果均通过了 AR(2) 和 Sargan 检验，而且回归结果基本证明了本章假设，具体分析不再赘述，稳健性分析结果表明本章研究结论较为可靠。

# 5.5 本章小结

本章探讨的是公司治理与营运资本调整速度之间的关系。在动态权衡理论以及权变理论的支撑下，本研究认为公司治理会对企业营运资本的调整速度产生影响。在之后的实证中，以中国沪深两市 A 股制造业上市公司作为研究样本，将实证的研究窗口设置在 2000 ~ 2015 年，总共获得 1061 家上市公司共计 8701 个样本数据。从股权结构、董事会治理、高管层治理三个维度选取指标分别对目标营运资本的调整速度进行实证检验。

　　实证结果表明，公司治理会影响企业营运资本的调整速度。在股权结构方面，第一大股东持股比例越高，营运资本的调整速度越慢，国有股企业的营运资本调整速度比非国有企业的调整速度慢；董事会治理方面，独董比例越高营运资本的调整速度越快，当"两职合一"时，营运资本的调整速度变慢；高管层治理方面，高管薪酬越高营运资本的调整速度越快。以上结论均与理论预期相同。但是，在股权结构方面第二到第十大股东持股集中度指标，以及高管层治理方面高管持股比例指标对营运资本调整速度的影响并不显著。针对股权分置改革对中国上市公司产生的变革性影响，本章结合2006 年基本完成股权分置改革的制度背景展开进一步研究。研究发现：股权分置改革对第一大股东持股比例的影响显著，股权分置改革后，第一大股东持股比例提高会加快营运资本的调整速度。

　　本书对相关研究结论进行了稳健性检验。通过营运资本变量替代的方法，对模型进行了重新的回归，研究结论与之前一致，公司治理的不同维度都会对营运资本的调整速度产生影响。稳健性检验的回归结果再一次支持了本研究的假设。

# 第 6 章

# 公司治理与营运资本偏离程度的实证研究

　　本章在本书第 5 章公司治理与营运资本调整速度研究的基础之上,重点分析公司治理对营运资本偏离程度的影响。营运资本调整速度是对营运资本动态调整过程状况的描述,而偏离程度则反映了上一期调整过程在本期时点上的具体结果。营运资本调整速度反映了企业实际营运资本向目标值调整的快慢,但无法反映企业实际营运资本偏离目标值的程度,对此本书在分析调整速度的基础上对营运资本偏离程度做进一步的研究,试图全面分析公司治理机制对营运资本动态调整的作用机理。公司治理作为公司平衡所有利益相关者利益的重要治理机制,能够对公司的财务决策产生重要影响,进而影响公司的营运资本调整。本章运用前文公司治理的度量方法,对公司治理按维度进行划分,从股权结构、董事会治理和高管层治理三个维度分别考察公司治理对营运资本偏离程度的影响。本章第一节从理论上分析公司治理机制对营运资本偏离程度的影响,并据此提出研究假设;第二节运用在第 5 章构建的公司治理指标,对营运资本偏离程度的计算方式进行分析总结,选出最佳的计算方法用以准确估计营运资本的偏离程度,并建立实证模型;第三节为实证结果分析,首先是描述性统计分析、单变量检验和相关性分析,对变量的分布情况、变量选择的合理性以及变量之间的相关关系做一个初步了解,然后是回归结果分析;第四节为稳健性检验,以保证研究结论的可靠性;第五节为本章小结,对本章研究进行总结。

# 6.1　理论分析与研究假设

## 6.1.1　调整机理分析

根据动态权衡理论，由于企业面临的外部环境以及自身经营状况、财务状况的不断变化，企业的营运资本不可能一直保持目标值水平，而是会发生偏离。企业通过投融资来改变营运资本的管理策略，导致营运资本发生偏离。具体来说，营运资本的投资策略影响流动资产与长期资产之间的比例；融资策略能够影响流动负债与长期负债之间的比例，综合考虑营运资本的投融资策略，就形成了一个组合策略，包括保守型策略、激进型策略和中庸型策略。保守型策略破坏了营运资本的盈利性，激进型策略增加了企业面临财务风险的可能性，而中庸型策略对应的企业营运资本更接近于目标值。很多企业通过中庸型策略进行一系列财务决策，将营运资本向目标值调整。在实务中，企业在持续经营期内保持长期资产与长期融资相匹配、流动资产与流动融资相匹配有很大难度。但是，企业可以通过一套合理的公司治理机制使其营运资本向目标值调整，有助于实现企业价值最大化。法玛和詹森（1983）认为，公司治理所要解决的是现代公司所有权和经营权分离所产生的委托代理问题，它保障了企业财务决策的有效性。因此，企业资源的合理利用离不开有效的公司治理机制，营运资本作为企业的一项财务决策也深受公司治理机制的影响。

国内外学者关于公司治理对营运资本投融资策略选择的影响研究主要集中于终极控制权角度的分析。赵（1998）发现内部人所有权与投资之间的关系并非是单调的：当内部人所有权比重低于7%或高于38%时，内部人所有权与投资是正向关系；当内部人所有权比重在7% ~ 38%时，二者是负向关系。何源等（2007）研究发现，控股股东持股比例越高，过度投资的趋势就越弱。在股权相对集中的条件下，公司投资行为反映了控股股东的利益。并且，随着所有权与控制权比例的不断提高，股东有较强的动机保证自己的收益和最大化公司价值（施莱弗和维什尼，1997）。因此，拥有较大股权份额的股东可能会采取相对保守的策略，而不太可能采取风险性策略损害自己的长期利益。同时，股权特征与融资行为之间也存在显著性关系（陆正飞和叶康涛，2004）。

## 6.1.2  研究假设

股东、高级管理者和董事会是企业财务活动的主体，营运资本管理作为一项财务管理活动，必然受到公司治理这一财务管理主体的影响。学术界关于公司治理的研究主要包括公司的股权结构、高级管理者和董事会，董事会处于中间层，联系着股东和高级管理者。股权集中度、股权制衡度和管理者激励会对大股东与小股东、管理者与股东之间的委托代理关系产生影响，董事会的规模和其独立性会影响到董事会效用的发挥，这构成了公司治理的三个维度，影响营运资本投融资策略的选择。

（1）股权结构

第一大股东持股比例对营运资本投资策略的影响，主要基于大股东对中小股东的利益侵占假设。代理理论指出，在股权集中度较高的公司中，控股股东与少数股东之间的代理问题较为突出，尤其在缺乏约束机制的情况下，大股东有可能出于自身利益的考虑，利用其控股权直接或间接地做出有利于自己的财务决策，将公司的利益转移到自己手中。营运资本的偏离程度取决于投融资策略的选择，而会计政策的选择其实是一种经济和政治利益的博弈规则（李姝，2003）。在中国，上市公司股权集中度较高，当第一大股东持股比例较高时，股东有动机和能力从自身利益出发，增加自身控制的资本总量，制定会计政策。即大股东对中小股东实施的侵占假设。但也有学者支持大股东监管假设，他们认为，由于管理者使用营运资本不需要经过外部市场的详细审查，因此企业持有营运资本可能会产生管理者操控性代理成本。当大股东持股比例增加时，大股东可能会有更大的积极性和能力进行监督，从而更能降低与持有营运资本有关的成本。即存在大股东的情况下，管理者为了自身利益进行的操控能在某种程度上得以抑制，管理者与股东之间的代理成本在某种程度上得以降低（施莱弗等，1986）。股东控制这些成本的方法是减少企业的营运资本，而大股东持有的重大比例的股权给予其更多的权利通过降低现金余额的方式来实现其监管作用。这样看来，如果大股东在公司治理中发挥积极的监管作用，其持股比例越高，企业对营运资本投资的可能性越低，流动资产越低。因此，如果第一大股东的作用符合侵占假设，第一大股东持股比例与营运资本投资策略正相关；反之，如果第一大股东发挥监管作用，第一大股东持股比例与营运资本投资策略负相关。关于大股东实现侵占还是监管作用，本书认为，在中国市场发展不完善的情况下，大股东与中小股东之间的利益博弈存在侵占动机的可能性更大。如果大股东与管理者共谋，对中小股东实施侵占，管理者更有能力从自身效用最大化角度出发自由调节企业营运资本水平。因此，本书支持大股东侵占的假设。基于以上分析，本书提出假设6.1a。

假设6.1a：第一大股东持股比例与营运资本偏离程度呈正相关关系，即第一大股东持股比例越高，营运资本的偏离程度越大。

已有研究表明，多个大股东的存在会明显抑制第一大股东的利己行为，有助于改善公司治理。从营运资本的角度考虑，该抑制效果表现为公司与大股东之间的关联交易数量及规模会明显减低（陈晓和王琨，2005）。从流动资产的角度考虑，营运资本的目标是满足日常经营活动的需要，超出的流动资产可用于投向能产生更多投资回报的项目，从而增加公司的资本收益率、提升企业价值；而对于流动负债而言，流动负债的增加会给公司带来短期偿债压力，所以过度的流动负债会使得公司的破产风险增加，因此企业应持有适量的流动负债，综合考虑其资本成本与风险。就营运资本的动态调整而言，当多个股东可以对第一大股东产生制衡时，会缓解大股东的侵占问题，公司财务决策更倾向于从公司整体利益的角度出发，合理控制营运资本，减少由于过度投资流动资金导致公司利益受损的情况；对于流动负债的风险会成为多数股东优先考虑的情况，只有在不危及公司生存的情况下才会持有适当的流动负债。基于以上分析，本书提出假设6.1b。

假设6.1b：第二到第十大股东持股集中度与营运资本偏离程度呈负相关关系，即第二到第十大股东持股集中度越高，营运资本的偏离程度越小。

在中国，国有股在公司治理中发挥的作用主要是帮助和攫取。帮助作用体现在国有股股东和国有法人股股东能对公司的管理者发挥监督作用，使管理者更好地调整营运资本降低偏离程度；攫取作用体现在，当国有股股东和国有法人股股东无法对经理人的决策产生有效的监督时，国有资产监督管理机构作为国有股的代理人，在公司治理结构中并不是积极的监督者。张栋等（2008）研究表明，相对于非国有控股公司，国家作为控股股东的上市公司更有可能存在过度投资的倾向。与民营企业控股公司相比，地方政府或地方国有企业控股的公司存在显著的过度投资问题，相比而言，中央国有企业控股和外资控股没有发现过度投资现象（简建辉和黄平，2010）。在中国上市公司融资过程中，普遍存在政府干预或利用政府的资源和渠道获得资金供给的现象（郑江淮等，2001）。因此，从营运资本的投融资策略角度分析，公司的国有控制性质会使得企业更倾向于采取保守的营运资本投资策略。另外，在中国国有股权虚置，国有股没有发挥作为股东的监督约束功能，导致经理人更容易做出仅对自身有利的财务决策，而较低的负债给经理人带来更少的财务风险，增加经理人职位的安全性，所以理性的经理人总是偏好低的负债，采取相对保守的营运资本融资策略。保守的投资策略与保守的融资策略组合，会导致营运资本的收益性降低，偏离目标值的程度变大。基于以上分析，本书提出假设6.1c。

假设6.1c：公司的国有控制性质会提高营运资本的偏离程度，即相比于非国有公司，国有公司的营运资本偏离程度更大。

（2）董事会治理

董事会是公司治理中最高的决策机构，它代表股东对公司进行治理。在公司治理的结构中，董事会的构成直接影响了股东和管理者利益的结合程度。管理者负责公司的日常经营，拥有绝对的信息优势，而管理者出于自利性动机，往往为了实现自身利益最大化而损害所有者和公司的利益。董事会和管理者一起负责制定有关现金管理、应收账款、存货购买和储存、应付账款及公司中的其他政策。管理层制定的会计政策反映出管理层的风险规避风格，由于董事会的存在，可能导致不同的应收账款数额和应付账款数额以及不同的现金周期。大多数研究认为，董事会的独立性越强，董事会的运行效率越高，其监督和管理的力度越大，越能发挥在公司治理中的作用。独立董事被认为是股东的利益代言人，因此在中国法律要求的独立董事比例基础上，独立董事比例大的董事会相比独立董事比例小的董事会能做出更加有效的决策，更好地保护公司利益，防止对营运资本被不合理占用，从而可能缩小营运资本与目标值的偏离程度。基于以上分析，本书提出假设 6.2a。

假设 6.2a：独立董事比例与营运资本偏离程度呈负相关关系，即独立董事比例越高，营运资本的偏离程度越小。

董事长与 CEO 是否两职合一，即是否同为一人是衡量董事会独立性的另一指标。CEO 的权力变大，会更容易导致内部人机会主义行为的发生，制约机制可能失效，严重影响董事会的独立性。如果董事长和 CEO 没有两职分离，经营权与决策权集中于一人，CEO 对董事会的控制力就更大，很容易导致个人独断独行。另外，董事长兼任 CEO 一职，有更多权责范围内需要处理的日常事务，分散了董事长精力。董事长的一部分时间和精力被占用的情况下，企业的短期经营管理决策中存在的问题就难以被及时地发现和纠正。会计政策是短期财务管理中一项重要的财务决策，董事长与 CEO 各司其职会有利于他们在各自的管理方向上发挥最大作用，制定合理的营运资本投融资策略。而董事长与 CEO 的两职合一影响了决策制定，容易导致内部人机会主义，并且可能导致营运资本偏离其目标值。基于以上分析，本书提出假设 6.2b。

假设 6.2b：董事长与总经理两职兼任会提高营运资本偏离程度，即董事长与总经理由同一人兼任时，营运资本的偏离程度更大。

（3）高管层治理

从高管薪酬激励的有效性角度来看，有效的激励机制能够缩小营运资本与目标值的偏离程度。高管薪酬激励一直是公司治理的核心，它能够缓解委托代理冲突。已有文献关注了如何测度高管薪酬激励的有效性，主要有薪酬—业绩敏感度和公司治理—高管薪酬激励—薪酬激励经济效果两种。因此，现有研究主要围绕公司治理如何影响薪酬激励效果、薪酬激励对公司业绩和投资的影响这两个方面展开。有效的激励机制之所以能有助于实现股东财富最大化，是因为它能最大限度地减少代理问题，使高管从内心产生积极为公司工作、一心为股东着想的工作热情。但是，如果缺乏适当的约束条件，激励手段往往很难单独发挥作用。这种约束不仅表现为直接对高管行为的管制，还表现为对外界条件特别是其决策环境的约束。当公司外部融资环境优越时，高管对营运资本的投资决策难度大大降低，很难体现其工作能力所带来的工作效果，容易影响其工作热情。而对于融资约束程度较高的公司，高管经营决策将会面临更多的决策难题，稍有不慎则可能给公司带来致命打击，这种如履薄冰的压力将会极大地激发高管的工作潜能，进而提高薪酬的激励效果。根据委托代理理论以及信息不对称的结论，激励制度可以适当地降低代理成本以及减少由信息不对称产生的道德风险和逆向选择问题。国外学者如霍姆斯特罗姆和米尔格兰姆（1987）证明了显性激励也即将代理人的报酬与企业业绩直接挂钩会使得代理人在追求自身利益最大化的动机下选择符合委托人利益的行动；莫菲（1985）通过研究发现，总报酬的变化与股票收益之间、现金报酬与股票收益之间均存在正的相关关系；贝克（1992）和卡普兰（1994）认为，高管薪酬与企业绩效挂钩是委托代理理论的基本原则。国内学者周兆生（2003）发现，上市公司经理年薪、股权净收益、职务任免都与企业绩效正相关；周进良（2008）实证研究发现，不同地区的上市公司高管薪酬与企业绩效都呈显著的正相关关系。然而德姆塞茨（1983）、莫克等（1988）经研究发现，管理者行为存在两种相反的倾向，一种倾向是管理者以自身利益最大化原则分配企业资源的自然倾向，这与股东的利益相冲突，通常称之为堑壕防守效应，而另一种倾向是随着管理者持股比例的增加，管理者与股东利益趋向一致，可称之为利益趋同效应。此外，霍姆斯特罗姆和维斯（1985）认为，管理者实际付出的努力无法量化而且不易被知晓，而投资项目的产出无法排除随机因素的影响，但与管理者所能获得的薪酬之间相关。所以，在存在不利因素时，管理者会选择放弃投资而不承担风险，即代理人为风险厌恶者。因此，在企业支付给代理人的薪酬不足以满足代理人的需求时，管理者会因为信息的不对称而采取有利于自身利益的行为，随着高管薪酬的增加，营运资本的投融资行为更为合理。基于以上分析，本书提出假设6.3a。

假设6.3a：高管薪酬与营运资本偏离程度呈负相关关系，即高管薪酬越高，营运资本的偏离程度越小。

已有研究表明，企业高管大多是监督和风险的厌恶者，而债务在公司治理中发挥着相对积极的监督作用，企业的流动负债水平也与企业短期财务风险相联系。因此，若营运资本中的债务水平越高，则企业高管接受监督的可能性越大，面临的财务风险也越高。随着企业高管所持股份的增加，企业高管厌恶风险的程度会增大，高管更倾向于降低债务水平。同时，出于自身利益的驱动，企业高管也会积极把握投资机会，提高企业的盈利能力。因此，在高管持股比例较高的公司，企业会采取相对保守的营运资本融资策略配合相对激进的营运资本投资策略。基于以上分析，本书提出假设6.3b。

假设6.3b：高管持股比例与营运资本偏离程度呈负相关关系，即高管持股比例越高，营运资本的偏离程度越小。

# 6.2　研究设计

## 6.2.1　样本选取

（1）数据来源

本书选取在中国沪深两市上市的 A 股制造业公司为样本，避免了行业的巨大差异对公司营运资本调整产生的影响，主要使用的数据包括上市公司相关财务报表信息、上市公司的公司治理信息与实际控制人信息，除上市公司的实际控制人信息取自上海万德数据库（WIND）外，其余数据均来自深圳国泰安信息技术有限公司与香港理工大学相互合作的中国股票市场研究数据库（CSMAR），即国泰安数据库。本书以中国证监会 2001 年发布的《上市公司行业分类指引》为依据对上市公司进行相应的行业划分。

（2）时间窗口

为了观察上市公司营运资本在连续多期视角下的调整行为，同时由于公司治理数据库始建于 1999 年，考虑到数据的可获得性，本书选取 2000 ~ 2015 年为实证检验的时间窗口。鉴于研究的模型设定需要滞后一期变量，因此实际样本采集区间为 1999 ~ 2015 年。

（3）样本筛选

为避免样本缺失、离群等因素对实证结论造成的影响，本书对样本进行了以下筛选：

第一，本书选取 2000 ~ 2015 年沪深两市的 A 股制造业上市公司，剔除该区间内被执行 ST 或 * ST 的样本，排除非正常经营样本对实证研究的干扰。

第二，为避免交叉上市对公司治理水平与营运资本持有水平的影响，本书将同时发行 B 股或 H 股的上市公司从样本中剔除。

第三，为避免缺失值的影响，剔除相关数据缺失的样本。

经上述处理后，本书选取了包含 1061 家公司 8701 个观测值的非平衡面板数据为研究对象，为进一步消除离群值的影响，本书对主要变量进行了 1% 水平的 Winsorized 处理。本书的所有数据处理均借助 Stata13.0 完成。

## 6.2.2 变量定义

本章拟研究公司治理与营运资本的偏离程度之间的关系，首先需要对公司营运资本的偏离程度进行度量，借鉴已有研究成果（姜付秀和黄继成，2011），本书将公司年末实际营运资本与当年的目标营运资本之间的差距定义为营运资本的偏离程度，即用 $Dev_{i,t} = |NWC_{i,t} - NWC_{i,t}^*|$ 来表示 $t$ 年末 $i$ 企业营运资本的偏离其目标的绝对程度。根据第 4 章关于目标营运资本估计方法的梳理总结可知，当前学者们主要借助对一系列影响营运资本的因素进行回归的方法拟合目标营运资本，而在具体计算时，则存在两种计算方法。

① 对式（6.1）直接进行回归分析，根据回归得出的系数向量 $\beta$ 与截距 $\alpha$ 对目标营运资本进行拟合，如式（6.2）所示。这种方法的优点在于计算方便简单，缺点在于其隐含公司的营运资本调整是完美的而非局部的假设，即观测到的营运资本平均来看总是等于目标营运资本，该潜在假设显然与实际情况不符。

$$NWC_{it} = \alpha + \beta X_{it-1} + \varepsilon_{it} \qquad (6.1)$$

$$NWC_{it}^* = \hat{\alpha} + \hat{\beta} X_{it-1} \qquad (6.2)$$

② 利用式（6.3）同时估计目标营运资本和营运资本调整速度，然后将所得系数向量 $\beta$ 与截距 $\alpha$ 代入式（6.2）中，从而估计出目标营运资本 $NWC_{it}^{*}$。在对式（6.3）进行估计时，本书采用前述第 4 章介绍的系统 GMM 方法以期准确估计目标营运资本，具体方法选择及合理性论证已于第 4 章详细论述，在此不再赘述。

$$NWC_{it} = \lambda\alpha + \lambda\beta X_{it-1} + (1-\lambda)NWC_{it-1} + \nu_i + \varepsilon_{it} \qquad (6.3)$$

该方法的优点在于假设公司营运资本的调整是局部非完美的，公司总是在不断调整自身的营运资本，这一假设更符合公司实际，而缺点则在于计算过程较为复杂。本书选择第二种计算方法对目标营运资本进行拟合，据此得出营运资本的偏离程度。

本章的解释变量为公司治理各变量，主要包括三个维度七个指标，具体指标定义及解释已于本书第 2 章中论述，在此不再赘述。同时为了控制其他可能因素对公司治理与营运资本偏离程度的影响，本书选取第 4 章和第 5 章中影响营运资本的十大因素作为控制变量，以避免重要变量缺失造成的内生性问题，变量解释与定义如表 6.1 所示。

表 6.1　　　　　　　　　　公司治理各变量的定义

| 变量 | 变量含义 | 变量 | 计算方法 |
|---|---|---|---|
| 被解释变量 | 偏离程度 | Dev | 公司年末实际营运资本与当年的目标营运资本之间差额的绝对值 |
| 解释变量 | 第一大股东持股比例 | Top1 | 第一大股东持股数量/总股数 |
| | 第二到第十大股东持股集中度 | Top2-10 | 第二到第十大股东持股比例平方的和 |
| | 公司性质 | SOE | 实际控制人为中央或地方政府，则将 SOE 赋值为 1，其余为 0 |
| | 独董比例 | Indirector | 独立董事人数/董事会总人数 |
| | 兼任 | Dual | 董事长与总经理由同一人兼任，则将 Dual 赋值为 1，其余为 0 |
| | 高管薪酬 | Salary | Ln（前三名高管薪酬总额 +1） |
| | 高管持股比例 | Share_sen | 高管持股数量/总股数 |

| 变量 | 变量含义 | 变量 | 计算方法 |
|---|---|---|---|
| 控制变量 | 经营性现金流量 | $OCF$ | 经营活动现金流量/总资产 |
| | 成长性 | $GROWTH$ | （当期营业收入－上期营业收入）/上期营业收入 |
| | 盈利能力 | $REVN$ | 息税前利润/营业收入 |
| | 公司规模 | $SIZE$ | ln（总资产） |
| | 市账比 | $M/B$ | 市值/总资产账面价值 |
| | 财务困境 | $FD$ | 以下两个条件同时满足则 $FD$ 取值为 1，否则为 0：①公司杠杆率处于所在行业的前 20%；② $EBIT\_DA$ 小于利息支出 |
| | 融资成本 | $FCOST$ | 财务费用/（负债－应付账款） |
| | 固定资产占比 | $FA$ | 固定资产/总资产 |
| | 经济周期 | $GDP\_Growth$ | 年度国内生产总值的同比增长率 |
| | 货币政策 | $MP$ | 年度广义货币供给量 M2 的同比增长率 |

## 6.2.3　模型设定

为检验公司治理对营运资本偏离程度的影响，本书在前述计算营运资本偏离程度的基础上，构建了式（6.4），并且采用混合效应模型（Pooled OLS）进行估计：

$$Dev_{it} = \alpha + \beta Gov_{it-1} + \gamma Control_{it-1} + \varepsilon_{it} \quad (6.4)$$

其中，$Gov_{it-1}$ 表示公司治理的各个变量，为避免内生性问题，本书均选用滞后一期的公司治理变量。如果 $\beta$ 显著为负，则说明该公司治理变量对营运资本的偏离程度起到负向作用，即在保持其他因素不变的情况下，该变量的提高会降低公司的营运资本偏离程度；反之，如果 $\beta$ 显著为正，则说明该公司治理变量对营运资本的偏离程度起到正向作用，即在保持其他因素不变的情况下，该变量的提高会加大公司的营运资本偏离程度。$Control_{it-1}$ 代表一系列可能影响实际营运资本偏离其目标程度的因素，包括经营性现金流量、成长性、盈利能力、公司规模、市账比、财务困境、融资成本、固定资产占比、经济周期和货币政策等。$\varepsilon_{it}$ 为残差项。

## 6.3　实证结果分析

### 6.3.1　描述性统计分析

本书首先对公司各年度的营运资本偏离程度进行了描述性统计分析，以期通过分析数据变化与分布特征，对中国制造业上市公司的营运资本偏离程度有一个直观的认识和整体的把握，为之后的回归分析奠定基础，描述性统计分析结果如表 6.2 所示。

表 6.2　　　　　　　　　偏离程度的描述性统计分析

| 年份 | 观测值 | 均值 | 中位数 | 标准差 | 最小值 | 最大值 |
| --- | --- | --- | --- | --- | --- | --- |
| 2001 | 102 | 0.371 | 0.196 | 0.516 | 0.007 | 2.721 |
| 2002 | 336 | 0.242 | 0.182 | 0.280 | 0.000 | 2.520 |
| 2003 | 385 | 0.314 | 0.176 | 0.449 | 0.000 | 2.534 |
| 2004 | 421 | 0.262 | 0.152 | 0.384 | 0.000 | 2.675 |
| 2005 | 480 | 0.256 | 0.157 | 0.361 | 0.003 | 2.638 |
| 2006 | 477 | 0.241 | 0.143 | 0.376 | 0.000 | 2.782 |
| 2007 | 461 | 0.181 | 0.129 | 0.192 | 0.001 | 1.516 |
| 2008 | 503 | 0.182 | 0.125 | 0.234 | 0.000 | 2.493 |
| 2009 | 573 | 0.212 | 0.155 | 0.233 | 0.000 | 2.603 |
| 2010 | 607 | 0.195 | 0.137 | 0.236 | 0.000 | 2.549 |
| 2011 | 744 | 0.183 | 0.134 | 0.223 | 0.001 | 2.387 |
| 2012 | 892 | 0.216 | 0.161 | 0.258 | 0.000 | 2.566 |
| 2013 | 953 | 0.216 | 0.165 | 0.231 | 0.000 | 2.492 |
| 2014 | 887 | 0.227 | 0.169 | 0.253 | 0.000 | 2.563 |
| 2015 | 880 | 0.234 | 0.160 | 0.282 | 0.000 | 2.698 |
|  | 8701 | 0.223 | 0.153 | 0.287 | 0.000 | 2.782 |

通过对表 6.2 的数据进行分析可以发现，在研究样本期间内，偏离程度的标准差从 2001 年的 0.516 逐渐降低至 2015 年的 0.282，且最大值和最小值分别为 0.516 和 0.192，说明中国制造业上市公司营运资本偏离程度的波动程度较低且日趋稳定。从偏离程度的均值和中位数来看，2001～2015 年营运资本偏离程度的均值介于 0.181 和 0.371 之间，而中位数则介于 0.125 和 0.196 之间，每年的均值变化差异与中位数变化差异较小，表明中国制造业上市公司的营运资本处于一个稳定调整的过程。但是偏离程度均值和中位数每年的变化趋势并不明显，而是呈现上下波动的无规则运动，这种变动规律符合公司实际的营运资本动态调整情况，说明公司的营运资本由于受到外界客观因素和内部主观因素的影响而处于一个随时变化随时调整的动态波动状态。而且近几年，随着中国市场经济环境逐步趋于稳定，企业生产经营状况逐步好转，企业营运资本的偏离程度也相对下降，各年偏离程度中位数均保持在 0.153 左右。营运资本偏离程度的最小值为 0.000，最大值为 2.782，二者之间有较大差距，表明中国制造业上市公司营运资本的偏离程度在不同年份也存在显著差异，企业会根据自身的战略布局、投融资决策以及发展情况对营运资本的偏离进行调整。而将偏离程度的最值与均值和中位数对比来看，可以发现部分公司的营运资本偏离程度过大，表明不同公司的营运资本持有状况差异较大。

## 6.3.2 单变量检验

在多元线性回归之前，为了考察公司治理与营运资本偏离程度之间的关系，以便于初步判断不同营运资本偏离程度下公司治理是否存在显著差异，本书参考欧普勒（1999）的做法，根据公司营运资本偏离程度（Dev）的高低将样本等分为四个区间，然后分别统计各变量的均值，并采用 t 统计量对第 1 四分位和第 4 四分位上各变量均值的差异进行检验。表 6.3 列示了单因素分析的检验结果，可以看出，第 1 四分位和第 4 四分位的营运资本偏离程度的均值分别为 0.043 和 0.792，二者差异在 1% 水平上显著。而公司治理各变量在营运资本偏离程度的最低组和最高组之间均表现出显著的差异，具体而言，第一大股东持股比例与第二到第十大股东持股集中度的均值表现出随偏离程度的扩大而上下波动态势，变化趋势不明显；而公司性质则表现出随营运资本偏离程度的增多而逐渐降低的关系，即相较于营运资本偏离程度较低组，营运资本偏离程度较高组的公司多为非国有公司；同样，独董比例与营运资本偏离程度也呈现出负向变动关系；而兼任情况则在营运资本偏离最高组中出现次数最多，其变化趋势也不明显；高管薪酬的均值随营运资本偏离程度的提高而逐渐降低；但是高管持股比例均值的变动则并不明显。综上所述，公司治理各变量在第 1 四分位和第 4 四分位的均值差异均在 1% 水平上显著，表明不同营运资本偏离程度下公司治理特征存在显著差异。

表 6.3　　　　　不同营运资本偏离程度下公司治理各变量的均值

| Dev 区间 | 第 1 四分位 [0.000, 0.085) N = 2566 | 第 2 四分位 [0.085, 0.188) N = 2565 | 第 3 四分位 [0.188, 0.398) N = 2565 | 第 4 四分位 [0.398, 2.782] N = 2565 | 均值差异 | t 值 |
|---|---|---|---|---|---|---|
| *Dev* | 0.043 | 0.134 | 0.271 | 0.792 | − 0.750 *** | − 24.267 |
| *Top*1 | 0.378 | 0.370 | 0.364 | 0.393 | − 0.014 *** | 5.518 |
| *Top*2 − 10 | 0.354 | 0.340 | 0.348 | 0.330 | 0.024 *** | 6.118 |
| *SOE* | 0.449 | 0.433 | 0.415 | 0.366 | 0.084 *** | 16.121 |
| *Indirector* | 0.356 | 0.355 | 0.353 | 0.310 | 0.046 *** | − 4.719 |
| *Dual* | 0.211 | 0.209 | 0.206 | 0.273 | − 0.062 *** | 18.126 |
| *Salary* | 13.722 | 13.668 | 13.600 | 13.205 | 0.517 *** | − 4.910 |
| *Share_sen* | 0.035 | 0.042 | 0.038 | 0.051 | − 0.016 *** | − 24.267 |

注：（1）***、**、*分别表示在 1%、5%、10% 水平上显著；（2）第 1 四分位到第 4 四分位分别报告了各变量在相应区间内的均值；（3）差额与 t 值为各变量的第 1 四分位与第 4 四分位均值的差异性检验值。

## 6.3.3　相关性分析

为了进一步考察营运资本偏离程度与公司治理各变量间的相关关系，初步判断公司治理各变量对营运资本偏离程度的影响，本书对主要解释变量

（公司治理各变量）和被解释变量（营运资本偏离程度）进行了 Pearson 和 Spearman 相关性检验，结果列示在表 6.4 中。可以看出，公司治理各变量与营运资本偏离程度相关系数的绝对值均小于 0.5，表明不存在解释变量与被解释变量高度相关而导致的多重共线性问题。具体而言，与前述单变量检验的结果不同，第一大股东持股比例与营运资本偏离程度呈显著负相关关系；第二到第十大股东持股集中度与营运资本则基本呈正相关关系，但是在不同的相关系数检验中显著程度有所不同；公司性质与营运资本偏离程度呈显著负相关关系，与前述单变量检验结果一致，说明相对于国有公司而言，非国有公司在融资渠道和融资成本上处于劣势，更倾向于通过加快营运资本调整进而缩小营运资本偏离程度；独董比例与营运资本偏离程度同样呈显著负相关关系，表明独董比例较高的公司，董事会的监管机制更强，能够加快营运资本的调整速度从而将营运资本偏离程度维持在较低水平，但是在 Spearman 检验中该相关关系并不稳定；兼任则与营运资本偏离程度的关系不显著，与前述单变量检验的结论相同，表明两职兼任对公司营运资本偏离程度的作用并不明显；高管薪酬与营运资本呈显著负相关关系，同前述单变量检验结果一致，说明对高管实施更强的薪酬激励有助于高管提高公司的营运资本使用效率，加快营运资本的调整速度，进而降低营运资本的偏离程度；同样，高管持股比例也与营运资本呈显著负相关关系，表明作为高管治理机制之一的股票期权激励对促进高管人员降低营运资本偏离程度起到积极的促进作用。此外，从公司治理各变量间的相关系数来看，各变量间多存在显著的相关关系，说明公司治理各变量具有较强的相关性。

表 6.4　　　营运资本偏离程度与公司治理各变量的相关性分析

| 变量 | Dev | Top1 | Top2 – 10 | SOE | Indirector | Dual | Salary | Share_sen |
|---|---|---|---|---|---|---|---|---|
| Dev | 1.000 | – 0.042 *** | 0.025 * | – 0.047 *** | – 0.007 | 0.014 | – 0.113 *** | – 0.030 ** |
| Top1 | – 0.042 *** | 1.000 | 0.392 *** | 0.227 *** | – 0.044 *** | – 0.066 *** | – 0.068 *** | – 0.168 *** |
| Top2 – 10 | 0.038 *** | 0.307 *** | 1.000 | 0.321 *** | – 0.051 *** | – 0.124 *** | – 0.197 *** | – 0.269 *** |
| SOE | – 0.058 *** | 0.231 *** | 0.309 *** | 1.000 | – 0.078 *** | – 0.216 *** | – 0.089 *** | – 0.325 *** |
| Indirector | – 0.037 *** | – 0.073 *** | – 0.056 *** | – 0.084 *** | 1.000 | 0.078 *** | 0.217 *** | 0.048 *** |

续表

| 变量 | Dev | Top1 | Top2 – 10 | SOE | Indirector | Dual | Salary | Share_sen |
|------|-----|------|-----------|-----|-----------|------|--------|-----------|
| Dual | 0.021 | – 0.072 *** | – 0.111 *** | – 0.216 *** | 0.086 *** | 1.000 | 0.112 *** | 0.254 *** |
| Salary | – 0.160 *** | – 0.095 *** | – 0.188 *** | – 0.090 *** | 0.278 *** | 0.104 *** | 1.000 | 0.226 *** |
| Share_sen | – 0.037 *** | – 0.074 *** | – 0.252 *** | – 0.293 *** | 0.151 *** | 0.402 *** | 0.153 *** | 1.000 |

注：（1） *** 、 ** 、 * 分别表示在1%、5%、10%水平上显著；（2）对角线左下方为 Pearson 相关系数，对角线右上方为 Spearman 相关系数。

## 6.3.4　回归结果分析

在前述分析的基础上，本部分采用混合效应模型（Pooled OLS）对式（6.4）进行了实证检验，分别验证本章假设是否成立，同时为了控制样本的异方差与序列相关问题，回归中使用怀特异方差修正后的标准误，以使结果更加稳健，同时受异方差调整的影响回归结果中仅报告 $R^2$ 而非调整后的 $R^2$，回归结果如表 6.5 所示。

表 6.5　　　　　　　公司治理与营运资本偏离程度的回归结果

| 变量 | (1) Top1 | (2) Top2 – 10 | (3) SOE | (4) Indirector | (5) Dual | (6) Salary | (7) Share_sen |
|------|----------|---------------|---------|----------------|----------|------------|---------------|
| Gov | 0.057 *** (3.210) | – 0.063 *** ( – 3.201) | 0.006 (1.024) | – 0.080 ** ( – 1.989) | – 0.002 ( – 0.235) | – 0.008 ** ( – 2.270) | – 0.163 *** ( – 7.904) |
| OCF | – 0.320 *** ( – 5.403) | – 0.314 *** ( – 5.322) | – 0.316 *** ( – 5.344) | – 0.321 *** ( – 5.439) | – 0.365 *** ( – 5.937) | – 0.313 *** ( – 5.295) | – 0.322 *** ( – 5.454) |
| GROWTH | – 0.084 *** ( – 9.143) | – 0.078 *** ( – 8.265) | – 0.082 *** ( – 8.839) | – 0.083 *** ( – 9.038) | – 0.076 *** ( – 7.810) | – 0.083 *** ( – 8.988) | – 0.074 *** ( – 8.032) |
| REVN | – 0.119 *** ( – 2.582) | – 0.118 ** ( – 2.553) | – 0.118 *** ( – 2.579) | – 0.119 *** ( – 2.593) | – 0.065 ( – 1.404) | – 0.117 ** ( – 2.551) | – 0.118 ** ( – 2.566) |
| SIZE | – 0.069 *** ( – 19.239) | – 0.068 *** ( – 19.023) | – 0.068 *** ( – 19.063) | – 0.067 *** ( – 18.834) | – 0.062 *** ( – 16.604) | – 0.065 *** ( – 17.047) | – 0.068 *** ( – 19.213) |
| M/B | 0.034 *** (6.622) | 0.032 *** (6.030) | 0.034 *** (6.560) | 0.035 *** (6.824) | 0.033 *** (5.887) | 0.033 *** (6.160) | 0.033 *** (6.306) |

续表

| 变量 | (1)<br>Top1 | (2)<br>Top2 – 10 | (3)<br>SOE | (4)<br>Indirector | (5)<br>Dual | (6)<br>Salary | (7)<br>Share_sen |
|---|---|---|---|---|---|---|---|
| FD | 0.061 ***<br>(5.698) | 0.059 ***<br>(5.517) | 0.059 ***<br>(5.546) | 0.059 ***<br>(5.504) | 0.059 ***<br>(5.392) | 0.059 ***<br>(5.515) | 0.057 ***<br>(5.294) |
| FCOST | 0.086<br>(1.487) | 0.070<br>(1.212) | 0.076<br>(1.321) | 0.069<br>(1.184) | 0.062<br>(1.048) | 0.067<br>(1.161) | 0.043<br>(0.734) |
| FA | −0.424 ***<br>(−18.085) | −0.425 ***<br>(−18.113) | −0.423 ***<br>(−18.010) | −0.425 ***<br>(−18.122) | −0.405 ***<br>(−16.334) | −0.427 ***<br>(−18.317) | −0.429 ***<br>(−18.162) |
| GDP_Growth | −0.674 ***<br>(−4.681) | −0.672 ***<br>(−4.665) | −0.678 ***<br>(−4.646) | −0.630 ***<br>(−4.399) | −0.580 ***<br>(−3.851) | −0.720 ***<br>(−4.816) | −0.755 ***<br>(−5.217) |
| MP | −0.096<br>(−1.458) | −0.111 *<br>(−1.680) | −0.101<br>(−1.518) | −0.082<br>(−1.252) | −0.087<br>(−1.307) | −0.104<br>(−1.566) | −0.117 *<br>(−1.769) |
| Constant | 1.852 ***<br>(23.266) | 1.825 ***<br>(22.785) | 1.855 ***<br>(23.139) | 1.846 ***<br>(23.178) | 1.710 ***<br>(20.292) | 1.895 ***<br>(22.807) | 1.875 ***<br>(23.395) |
| $R^2$ | 0.177 | 0.177 | 0.176 | 0.176 | 0.171 | 0.176 | 0.179 |
| F 值 | 60.24 *** | 61.05 *** | 60.02 *** | 59.63 *** | 47.31 *** | 60.54 *** | 60.20 *** |
| N | 8701 | 8701 | 8701 | 8701 | 8701 | 8701 | 8701 |

注：(1) ***、**、* 分别表示在1%、5%、10%水平上显著；(2) 括号中为经过怀特异方差修正后的 t 值；(3) Gov 表示公司治理各变量，即 Top1 ~ Share_sen。

整体来看，回归的 $R^2$ 基本保持在17%左右，说明模型的拟合优度可以接受，且加入不同解释变量的模型拟合程度基本保持一致，F 检验的 P 值均在1%水平上显著，表明模型总体上是显著的。从具体回归结果来看，第(1)列的回归结果说明，第一大股东持股比例与营运资本偏离程度的回归结果，回归系数为0.057，且在1%水平上显著，表明第一大股东持股比例越高，营运资本的偏离程度越大，支持假设6.1a，说明第一大股东股权过于集中不利于公司治理机制的发挥，导致营运资本偏离其目标过大而无法及时有效地进行调整。第(2)列的回归结果说明，第二到第十大股东持股集中度越高，营运资本偏离程度越小，证明了假设6.1b，表明第二到第十大股东持股集中度越高，对第一大股东的监督和制约能力越强，更有利于降低营运资本的偏离程度。第(3)列的回归结果说明，公司性质对营运资本偏离程度的影响并不显著，不能支持假设6.1c，可能的原因在于国有公司与非国有公司由于受到相同的外部因素影响，使得营运资本偏离程度无明显差异。第（4）列的回归结果说明，回归系数显著为负，表明独立董事占董事总人数的比例越高，营运资本偏离其目标的程度越低，支持了假设6.2a，说明独董比例对公司营运资本的管理起到重要的监督促进作用，有利于公司加快营运资本调整从而缩小偏离程度。第（5）列的回归结果说明，兼任对营运资本偏离程度影响的回归系数不显著，不能支持假设6.2b。可能的原因在于部分公司的两职兼任情况可以提高决策的及时性，从而有利于对过度偏离情况进行快速调整，而其他公司中的两职兼任则会导致权力过于集中，高管自利性行为和代理问题无法得到有效监督，进而降低营运资本管理能力，使得营运资本偏离程度较大。第（6）列显示了高管薪酬对营运资本偏离程度的影响，回归系数为 $-0.008$，且在5%水平上显著，表明高管薪酬越高，公司对高管的薪酬激励作用越强，公司营运资本的偏离程度就越小，证明了假设6.3a。第（7）列列示了高管持股比例对营运资本偏离程度的影响，回归系数显著为负，表明高管持股比例越高，即公司通过股票期权的方式对高管的激励强度越大，高管人员更倾向于通过加快营运资本调整来降低偏离程度，进而提高营运资本的管理效率，回归结果支持了假设6.3b。

此外，从控制变量来看，经营性现金流量（*OCF*）、成长性（*GROWTH*）、盈利能力（*REVN*）、公司规模（*SIZE*）、固定资产占比（*FA*）和经济周期（*GDP_Growth*）的回归系数均显著为负，说明公司在现金流越宽裕、成长性越好、盈利能力越强、规模越大、固定资产占总资产份额越高以及宏观GDP增速越快的情况下，其营运资本偏离程度越低。而在市账比（*M/B*）越高、财务困境（*FD*）越严重的情况下，营运资本偏离程度越高，可能的原因在于投资机会越多，公司所需资金越多，而且公司面临的信息不对称程度较高导致外部融资无法及时满足公司的投资需求，而处于财务困境中的公司更加难以有效融资，从而缺乏充裕的资金对营运资本进行调整，营运资本调整弹性较小，偏离其目标的程度较大。

# 6.4 稳健性检验

为了保证本章研究结论的稳健性，本部分选择营运资本的两个替代变量（*NWC*2 和 *NWC*3）分别对式（6.4）进行稳健性检验，检验结果如表 6.6 和表 6.7 所示。表 6.6 中，整体来看，回归的 $R^2$ 基本保持在 16.6% 左右，说明模型的拟合优度一般，且加入不同解释变量的模型拟合程度基本保持一致，F 检验的 P 值均在 1% 水平上显著，表明模型总体上是显著的。从具体回归结果来看，第（1）列列示了第一大股东持股比例与营运资本偏离程度的回归结果，回归系数为 0.052，且在 1% 水平上显著，支持了假设 6.1a；第二列的回归系数显著为负，表明第二到第十大股东持股集中度越高，其治理作用越明显，更有利于防止第一大股东的自利性行为，从而降低营运资本的偏离程度；而同前述研究结论一致，公司性质对营运资本偏离程度的影响并不显著，可能的原因在于国有性质对营运资本偏离程度的影响较弱，无法验证假设 6.1b；第（4）列独董比例负向作用于公司营运资本的偏离程度，且在 1% 水平上显著，验证了假设 6.2a，表明独董比例越高，董事会的监督作用越大，更有利于促进营运资本的调整从而降低偏离程度；第（5）列的回归结果同前文一致，无法验证假设 6.2b，表明兼任对营运资本偏离程度的作用方向不确定；第（6）列和第（7）列的回归系数显示为负，表明高管薪酬与高管持股比例作为公司主要的高管激励机制，在降低营运资本偏离程度中发挥较为有效的促进作用，公司对高管人员的激励强度越高，高管人员的工作积极性越高，越有利于通过加快营运资本调整来降低营运资本的偏离程度，研究结论支持了假设 6.3a 和 6.3b，表明前文结论较为稳健可靠。

表 6. 6　　　　　营运资本替代变量的稳健性检验结果 1

| 变量 | （1）Top1 | （2）Top2–10 | （3）SOE | （4）Indirector | （5）Dual | （6）Salary | （7）Share_sen |
|---|---|---|---|---|---|---|---|
| Gov | 0.052 ***（3.611） | - 0.042 **（- 2.208） | - 0.002（- 0.149） | - 0.229 ***（- 3.202） | 0.010（0.699） | - 0.025 ***（- 3.622） | - 0.208 ***（- 4.734） |
| OCF | - 0.073（- 0.687） | - 0.078（- 0.733） | - 0.076（- 0.717） | - 0.063（- 0.592） | - 0.167（- 1.529） | - 0.088（- 0.828） | - 0.083（- 0.781） |
| GROWTH | - 0.050 **（- 2.181） | - 0.046 *（- 1.940） | - 0.049 **（- 2.118） | - 0.051 **（- 2.208） | - 0.073 ***（- 2.872） | - 0.049 **（- 2.145） | - 0.060 ***（- 2.579） |
| REVN | - 0.285 ***（- 3.259） | - 0.286 ***（- 3.266） | - 0.285 ***（- 3.252） | - 0.285 ***（- 3.268） | - 0.226 **（- 2.124） | - 0.289 ***（- 3.316） | - 0.283 ***（- 3.237） |
| SIZE | - 0.150 ***（- 18.402） | - 0.151 ***（- 18.473） | - 0.151 ***（- 18.231） | - 0.154 ***（- 18.467） | - 0.152 ***（- 16.457） | - 0.161 ***（- 18.033） | - 0.152 ***（- 18.524） |
| M/B | 0.041 ***（3.758） | 0.042 ***（3.826） | 0.041 ***（3.732） | 0.039 ***（3.574） | 0.049 ***（4.055） | 0.047 ***（4.210） | 0.038 ***（3.527） |
| FD | 0.141 ***（6.125） | 0.143 ***（6.221） | 0.143 ***（6.227） | 0.144 ***（6.293） | 0.132 ***（5.585） | 0.144 ***（6.288） | 0.139 ***（6.054） |
| FCOST | 0.625 ***（4.893） | 0.612 ***（4.806） | 0.616 ***（4.835） | 0.595 ***（4.700） | 0.619 ***（4.778） | 0.589 ***（4.650） | 0.657 ***（5.118） |
| FA | - 0.250 ***（- 5.083） | - 0.251 ***（- 5.079） | - 0.253 ***（- 5.123） | - 0.242 ***（- 4.909） | - 0.219 ***（- 3.959） | - 0.233 ***（- 4.731） | - 0.264 ***（- 5.303） |
| GDP_Growth | - 1.334 ***（- 4.142） | - 1.339 ***（- 4.153） | - 1.342 ***（- 4.122） | - 1.432 ***（- 4.443） | - 1.423 ***（- 4.309） | - 1.155 ***（- 3.561） | - 1.470 ***（- 4.526） |
| MP | - 0.352 **（- 2.522） | - 0.342 **（- 2.460） | - 0.350 **（- 2.504） | - 0.394 ***（- 2.825） | - 0.303 **（- 2.131） | - 0.330 **（- 2.362） | - 0.376 ***（- 2.703） |
| Constant | 3.777 ***（21.305） | 3.797 ***（21.202） | 3.781 ***（21.012） | 3.781 ***（21.342） | 3.777 ***（18.747） | 3.627 ***（20.498） | 3.822 ***（21.342） |
| $R^2$ | 0.165 | 0.165 | 0.165 | 0.166 | 0.166 | 0.166 | 0.166 |
| F 值 | 46.93 *** | 46.93 *** | 47.10 *** | 47.10 *** | 37.73 *** | 47.24 *** | 47.13 *** |
| N | 8701 | 8701 | 8701 | 8701 | 8701 | 8701 | 8701 |

注：（1）*** 、** 、* 分别表示在1%、5%、10%水平上显著；（2）括号中为经过怀特异方差修正后的 t 值；（3）Gov 表示公司治理各变量，即 Top1 ~ Share_sen。

表 6.7 为使用营运资本替代性变量（*NWC3*）得到的回归结果，从回归系数来看，基本支持前文结论。不同的是第（3）列列示的回归系数显著为正，表明相比于非国有公司，国有公司的营运资本偏离程度更大，支持了假设 6.1c。而独董比例对营运资本偏离程度的负向作用则仅在 10% 水平上显著，表明假设 6.2a 在使用第三种营运资本定义方式的情况下并不稳定。此外，从控制变量来看，经营性现金流量（*OCF*）、成长性（*GROWTH*）、盈利能力（*REVN*）、公司规模（*SIZE*）和固定资产占比（*FA*）的回归系数均显著为负，财务困境（*FD*）的回归系数显著为正，与前文回归结果相同。而市账比（*M/B*）、经济周期（*GDP_Growth*）和融资成本（*FCOST*）的回归系数则与前文不同，说明不同的营运资本定义方式下部分控制变量的影响存在差异。整体而言，稳健性分析结果表明本章研究结论较为可靠。

表 6.7　　　　　　　　　营运资本替代变量的稳健性检验结果 2

| 变量 | (1)<br>*Top1* | (2)<br>*Top2 – 10* | (3)<br>*SOE* | (4)<br>*Indirector* | (5)<br>*Dual* | (6)<br>*Salary* | (7)<br>*Share_sen* |
|---|---|---|---|---|---|---|---|
| *Gov* | 0.016 **<br>(2.370) | – 0.015 **<br>( – 2.003) | 0.009 ***<br>(3.916) | – 0.025 *<br>( – 1.933) | – 0.002<br>( – 0.605) | – 0.008 ***<br>( – 6.236) | – 0.031 ***<br>( – 3.553) |
| *OCF* | – 0.096 ***<br>( – 4.404) | – 0.094 ***<br>( – 4.333) | – 0.094 ***<br>( – 4.327) | – 0.096 ***<br>( – 4.421) | – 0.102 ***<br>( – 4.422) | – 0.091 ***<br>( – 4.192) | – 0.096 ***<br>( – 4.416) |
| *GROWTH* | – 0.011 ***<br>( – 3.245) | – 0.010 ***<br>( – 2.752) | – 0.010 ***<br>( – 2.834) | – 0.011 ***<br>( – 3.205) | – 0.008 **<br>( – 2.236) | – 0.011 ***<br>( – 3.163) | – 0.009 ***<br>( – 2.629) |
| *REVN* | – 0.056 ***<br>( – 5.270) | – 0.056 ***<br>( – 5.241) | – 0.056 ***<br>( – 5.216) | – 0.056 ***<br>( – 5.273) | – 0.046 ***<br>( – 3.757) | – 0.055 ***<br>( – 5.135) | – 0.056 ***<br>( – 5.259) |
| *SIZE* | – 0.006 ***<br>( – 5.349) | – 0.006 ***<br>( – 5.116) | – 0.007 ***<br>( – 5.659) | – 0.006 ***<br>( – 4.768) | – 0.004 ***<br>( – 3.147) | – 0.003 **<br>( – 2.042) | – 0.006 ***<br>( – 5.223) |
| *M/B* | 0.002<br>(1.178) | 0.002<br>(0.882) | 0.002<br>(0.989) | 0.003<br>(1.311) | 0.000<br>(0.037) | 0.000<br>(0.223) | 0.002<br>(1.043) |
| *FD* | 0.047 ***<br>(11.072) | 0.046 ***<br>(10.945) | 0.046 ***<br>(10.880) | 0.046 ***<br>(10.896) | 0.044 ***<br>(9.515) | 0.046 ***<br>(10.861) | 0.045 ***<br>(10.852) |
| *FCOST* | 0.097 ***<br>(6.666) | 0.092 ***<br>(6.443) | 0.095 ***<br>(6.617) | 0.091 ***<br>(6.349) | 0.084 ***<br>(5.774) | 0.085 ***<br>(5.915) | 0.087 ***<br>(6.005) |

续表

| 变量 | (1)<br>Top1 | (2)<br>Top2 – 10 | (3)<br>SOE | (4)<br>Indirector | (5)<br>Dual | (6)<br>Salary | (7)<br>Share_sen |
|------|------|------|------|------|------|------|------|
| FA | – 0.100 ***<br>( – 11.012) | – 0.100 ***<br>( – 11.022) | – 0.102 ***<br>( – 11.228) | – 0.101 ***<br>( – 11.000) | – 0.087 ***<br>( – 8.754) | – 0.106 ***<br>( – 11.582) | – 0.101 ***<br>( – 11.104) |
| GDP_Growth | 0.001<br>(0.013) | 0.002<br>(0.029) | – 0.023<br>( – 0.371) | 0.014<br>(0.230) | – 0.016<br>( – 0.257) | – 0.060<br>( – 0.964) | – 0.013<br>( – 0.218) |
| MP | 0.060 **<br>(2.067) | 0.057 *<br>(1.946) | 0.055 *<br>(1.875) | 0.065 **<br>(2.223) | 0.048<br>(1.637) | 0.053 *<br>(1.821) | 0.056 *<br>(1.928) |
| Constant | 0.267 ***<br>(10.449) | 0.260 ***<br>(10.198) | 0.280 ***<br>(10.834) | 0.265 ***<br>(10.422) | 0.225 ***<br>(7.810) | 0.318 ***<br>(11.799) | 0.271 ***<br>(10.607) |
| $R^2$ | 0.084 | 0.084 | 0.085 | 0.084 | 0.071 | 0.088 | 0.084 |
| F 值 | 39.70 *** | 39.95 *** | 41.10 *** | 39.69 *** | 28.19 *** | 42.57 *** | 40.34 *** |
| N | 8701 | 8701 | 8701 | 8701 | 8701 | 8701 | 8701 |

注：（1）*** 、** 、* 分别表示在 1%、5%、10% 水平上显著；（2）括号中为经过怀特异方差修正后的 t 值；（3）Gov 表示公司治理各变量，即 Top1 ~ Share_sen。

# 6.5  本章小结

本章在动态权衡理论和委托代理理论等理论分析的基础之上，分析公司治理对营运资本偏离程度的影响。本书分别从营运资本的投资策略和融资策略两个方面出发，首先从理论上分析了公司治理会对企业营运资本的偏离程度产生影响。其次在实证研究中，以中国沪深两市 A 股制造业上市公司作为研究样本，将实证的研究窗口设置为 2000 ~ 2015 年，研究样本包括 1061 家上市公司共计 8701 个样本数据。本章从股权结构、董事会治理、高管层治理三个维度选取指标分别对目标营运资本的偏离程度进行实证检验。

实证结果表明，公司治理会影响企业营运资本的偏离程度。在股权结构方面，股权过于集中会加大营运资本的偏离程度。第一大股东持股比例越高营运资本的偏离程度越大，说明当股权过于集中于第一大股东时不利于公司治理机制的发挥，导致营运资本偏离其目标值；第二到第十大股东持股集中度越高营运资本偏离程度越小，说明第二到第十大股东持股对第一大股东具有一定的监督和制约力，有利于降低营运资本的偏离程度；公司性质对营运资本偏离程度的影响不显著，不能支持本研究的假设；董事会治理方面，独立董事对企业营运资本的偏离起到了监督作用，独立董事占董事总人数的比例越高营运资本偏离其目标的程度越低，说明独董比例对公司营运资本的管理起到重要的监督促进作用，而董事长和总经理两职兼任对营运资本偏离程度的影响并不显著。高管层治理方面，企业对高管的薪酬激励作用越强、高管持股比例越高，企业营运资本的偏离程度就越小。

本章还对相关研究结论进行了稳健性检验。由于营运资本的度量指标在理论界没有形成统一的标准，这可能会对本章的实证研究带来数据上的偏差，因此通过营运资本变量替代的方法，对模型进行了稳健性回归，研究结论与之前一致，公司治理的不同维度都会对营运资本的偏离程度产生影响。稳健性检验的回归结果再一次支持了本章的假设。

# 第 7 章

# 研究结论、政策建议
# 及研究展望

本章将对全书的主要研究结论进行总结和评价，并在此基础上，提出未来的研究方向和相关的政策建议。

## 7.1 主要研究结论

公司治理对企业营运资本的动态调整具有重要的影响。尽管有关营运资本动态调整问题的研究逐渐进入学者们的研究视野，但是，从公司治理角度研究企业营运资本动态调整问题的文献还较为鲜见。本书以中国 2000～2015 年制造业上市公司的数据为样本，基于委托代理理论、权衡理论、权变理论，以公司治理为视角，考察了目标营运资本的存在性，并进一步探讨了公司治理对营运资本调整速度以及偏离程度的影响。通过研究，本书得出了以下结论。

（1）公司存在目标营运资本

根据动态权衡和权变理论，企业的营运资本并不是恒定不变的，它会因企业的内外部影响因素产生变化而偏离目标营运资本。随着企业对营运资本重视程度的提高，企业的管理者会主动寻求营运资本调整的价值和作用。为了验证企业是否存在营运资本的目标值，本书检验了营运资本是否存在均值回归现象，结果显示，企业的营运资本的确存在目标值。接着，本书利用标准的局部调整模型与相关的回归估计方法，验证企业的这一均值回归现象并非机械式的循环往复运动，而是围绕一定的目标区间不断主动趋近的动态调整过程，从而验证企业营运资本动态调整的行为是存在的。实证结果表明，公司存在目标营运资本，且公司的营运资本会向目标值进行动态调整。

（2）公司治理对企业营运资本的动态调整具有重要的影响

由于现有文献对公司治理和企业营运资本的动态调整的关系研究大多处于理论探讨层面，虽然已有研究尝试从不同视角对营运资本的动态调整以及公司治理对企业经营活动的影响进行了探讨，但是从公司治理这一视角研究企业营运比动态调整问题的文献还非常鲜见。本书构建的面板固定效应模型，实证检验了企业营运资本的动态调整和公司治理的关系，结果表明，企业营运资本的动态调整速度以及偏离程度，都会受到公司治理的影响。

（3）公司治理的不同维度对企业营运资本的调整速度有着不同的影响

在股权结构方面，第一大股东持股比例越高营运资本的调整速度越低，国有股企业的营运资本调整速度比非国有企业的调整速度慢；董事会治理方面，独董比例越高营运资本的调整速度越快，当董事长与总经理由同一人兼任时，营运资本的调整速度变慢；高管层治理方面，高管薪酬越高营运资本的调整速度越快。以上结论均与理论预期相同。但是，在股权结构方面，第二到第十大股东持股集中度指标以及高管层治理方面高管持股比例指标对营运资本调整速度的影响并不显著。

（4）公司治理的不同维度对企业营运资本的偏离程度有着不同的影响

在股权结构方面，股权过于集中会加大营运资本的偏离程度。第一大股东持股比例越高营运资本的偏离程度越大，说明当股权过于集中于第一大股东时不利于公司治理机制的发挥，导致营运资本偏离其目标值；第二到第十大股东持股集中度越高营运资本偏离程度越小，说明第二到第十大股东持股对第一大股东具有一定的监督和制约力，有利于降低营运资本的偏离程度；公司性质对营运资本偏离程度的影响不显著，不能支持本书的假设；董事会方面，独立董事对企业营运资本的偏离起到了监督作用，独立董事占董事总人数的比例越高营运资本偏离其目标的程度越低，而董事长和总经理两职兼任对营运资本偏离程度的影响并不显著；高管层治理方面，企业对高管的薪酬激励作用越强、高管持股比例越高，企业营运资本的偏离程度就越小。本书通过营运资本变量替代的方法对模型进行了稳健性回归，研究结论与之前一致，稳健性检验的回归结果再一次支持了本书的假设。

## 7.2　政 策 建 议

本书通过对营运资本的动态调整进行规范研究，发现营运资本与企业的经营活动密不可分，公司治理会对营运资本的调整速度和偏离程度产生影响。通过中国制造业上市公司的数据得出的实证研究结果也验证了规范研究的结论，据此本书提出如下政策建议。

（1）树立营运资本的动态调整观

营运资本是企业资金的重要组成部分，对营运资本进行调整、实现资源的优化配置是企业财务管理的重要内容。但是，中国目前大多数企业是从静态视角对营运资本进行探讨，缺乏以动态视角分析营运资本的调整。这一方面是由于量化能力不足，企业对于营运资本的管理仍然凭借历史经验，对于营运资本的投资管理也偏粗放；另一方面，与西方发达国家上市公司相比，中国上市公司的营运资本的调整速度不及其平均水平的1/2。这些问题带来的结果，是中国上市公司的营运资本利用率低下，资金闲置的机会成本非常高。为了盘活这部分资金，使企业能够充分利用营运资本，应该从整体和结构上分别对营运资本进行动态调整。就整体而言，企业需要根据自身的需求，将流动资产动态保持在一个合理的规模，并相应调整流动负债的持有量，从而保证一个健康的流动资产负债比。就结构而言，企业应根据成本与效益原则，结合自身的生产经营状况，定性定量确定企业各项营运资本的组成和比例，并对其结构进行动态优化，以实现资源的最优配置。

（2）优化公司内部营运资本动态调整环境

根据本书的研究结论，公司治理能够影响企业营运资本的调整速度，改变营运资本与目标值的偏离程度。公司治理作为营运资本动态调整的内部环境之一，一方面能够缓解委托代理问题使得各利益相关者的利益趋同，另一方面能够增加信息的透明度使得企业内外部信息的沟通更快速。面对瞬息万变的外部环境，企业管理者必须敏锐识别外部环境的变化，优化营运资本动态调整的内部环境，使财务的决策者能够及时调整营运资本，适应外部环境的变化。公司内部环境的优化能够促进企业更快速适应外部环境的变化，同时外部环境带来的压力也能促成企业加快内部改革不断优化内部环境。在良好的内部环境下，公司可以根据其实际营运资本与目标水平的偏离情况，对其营运资本进行相应的动态调整，实现营运资本的优化。同时，由于融资方式与营运资本之间相互影响，因此为了实现公司价值的最大化，公司需要根据投资项目的属性以及投资者的偏好等情况，合理选择融资方式，实现公司营运资本的最优化，最终有助于公司进行营运资本的目标调整。

（3）建立有效的营运资本优化机制

科学有效的公司治理机制保障了营运资本的功能得到充分发挥。从公司治理的各个维度看，通过建立良好的监督和激励机制能够缓解股东与经营者之间的委托代理问题。建立监事会，能够对董事会进行有效的监督；由于大股东对于董事会和管理层有着很大的影响，会削弱监事会的作用，因此应逐步降低大股东的持股比例，增加独立董事人数；董事会对于管理层的决策可以进行有效的制约和监督，因此应该增加董事的持股数量，将企业高级管理人员的任命权收归董事会；对于管理层而言，应健全经理人持股激励机制，努力提高企业业绩。另外，利益相关者共同治理可能成为公司治理的发展趋势，企业供、产、销的衔接是企业活动顺利进行的基础，作为其间最为活跃的营运资本，是与供应商和客户协调合作的结果。优化企业与供应商、客户之间的关系有利于营运资本的调整。企业应建设良好的信息平台，优化与供应商、客户的交流，采用先进的信息处理和管理技术，针对营运资金项目建立专门的数据库，通过大数据分析和数据挖掘，为企业带来效益。

# 7.3　研究局限及展望

本书为企业短期财务决策问题的研究提供了新的经验证据，在一定程度上丰富了营运资本的相关研究，拓展了公司治理的研究领域，为中国提高公司治理水平，使之成为优化营运资本调整的一条路径提供了证据支持，但本书还存在三点不足：

第一，公司治理的相关研究已非常成熟，本书从公司治理的视角探讨了其对营运资本动态调整的影响，受到动态调整复杂模型的限制，本书未能包含全部公司治理的指标。本书从公司治理的三个方面选择了七个经典指标探讨其对营运资本动态调整的影响，未来会针对公司治理对动态调整具有显著影响的方面做进一步的探索。

第二，目前关于动态调整的研究中，学者们探讨的内容主要包括调整速度、偏离程度和调整方式。考虑到逻辑性，本书对前两者进行了探讨，其中调整速度是动态调整的过程，偏离程度是动态调整的结果，没有关注调整方式并进一步分析公司治理对营运资本调整方式的作用路径，这将是未来进一步研究的方向。

第三，本书探讨了营运资本的调整速度以及公司治理对营运资本调整速度的影响，并未进一步分析和检验调整速度差异带来的经济后果。已有的研究结果并未证实较快的营运资本调整速度能否优化资金的配置效率，这一问题有待未来做进一步研究。

# 参 考 文 献

［1］白重恩，刘俏，陆洲等．中国上市公司治理结构的实证研究［J］．经济研究，2005，（2）：81－91.

［2］陈德萍，陈永圣．股权集中度、股权制衡度与公司绩效关系研究——2007－2009年中小企业板块的实证检验［J］．会计研究，2011，（1）：38－43.

［3］陈克兢，李延喜，曾伟强等．上市公司营运资金影响因素及其调整速度的实证研究——基于系统广义矩估计的动态面板数据［J］．当代会计评论，2015，（2）：43－60.

［4］陈晓，王琨．关联交易、公司治理与国有股改革——来自我国资本市场的实证证据［J］．经济研究，2005，（4）：77－86.

［5］陈远志，梁彤缨．行业特征、股权结构与公司绩效的实证分析［J］．系统工程，2006，（2）：72－77.

［6］董秋萍．营运资本管理理论综述与展望［J］．中国证券期货，2010，（9）：56－57.

［7］范从来，袁静．成长性、成熟性和衰退性产业上市公司并购绩效的实证分析［J］．中国工业经济，2002，（8）：65－72.

［8］樊行健．公司治理与财务治理［J］．会计研究，2005，（2）：70－72.

［9］方红星，金玉娜．公司治理、内部控制与非效率投资：理论分析与经验证据［J］．会计研究，2013，（7）：63－69.

［10］房林林，姜楠楠．产品市场竞争、代理成本与资本结构动态调整［J］．大连理工大学学报（社会科学版），2016，（1）：57－63.

［11］胡国柳，裘益政，黄景贵．股权结构与企业资本支出决策：理论

与实证分析 [J]. 管理世界, 2006, (1): 137 - 144.

[12] 黄继承, 朱冰, 向东. 法律环境与资本结构动态调整 [J]. 管理世界, 2014, (5): 142 - 156.

[13] 姜付秀, 黄继承. 市场化进程与资本结构动态调整 [J]. 管理世界, 2011, (3): 124 - 134.

[14] 姜付秀, 刘志彪. 行业特征、资本结构与产品市场竞争 [J]. 管理世界, 2005, (10): 74 - 81.

[15] 姜付秀, 卢二坡. 资本结构与产品市场竞争强度 [J]. 经济研究, 2003, (7): 60 - 67.

[16] 姜阵剑, 张耀丹. 不同行业营运资本管理与企业绩效相关性研究综述与展望 [J]. 商, 2015, (3): 18.

[17] 鞠晓生, 卢荻, 虞义华. 融资约束、营运资本管理与企业创新可持续性 [J]. 经济研究, 2013, (1): 4 - 16.

[18] 李科, 徐龙炳. 资本结构、行业竞争与外部治理环境 [J]. 经济研究, 2009, (6): 116 - 128.

[19] 李莉, 张彦国, 宋理升. 经济"新常态"背景下企业经营业绩与公司治理——基于山东省 2010—2014 年面板数据的实证分析 [J]. 经济与管理评论, 2017, (2): 115 - 120.

[20] 李姝. 基于公司治理的会计政策选择 [J]. 会计研究, 2003, (7): 24 - 27.

[21] 李维安, 邱艾超, 牛建波等. 公司治理研究的新进展: 国际趋势与中国模式 [J]. 南开管理评论, 2010, (6): 13 - 24.

[22] 李维安, 齐鲁骏. 公司治理中的社会网络研究——基于科学计量学的中外文献比较 [J]. 外国经济与管理, 2017, (1): 68 - 83.

[23] 李心合. 营运资金管理的重心转移: 从资金到营运 [J]. 财务与会计 (理财版), 2013, (2): 11 - 13.

[24] 李延喜, 曾伟强, 马壮等. 外部治理环境、产权性质与上市公司投资效率 [J]. 南开管理评论, 2015, (1): 25 - 36.

[25] 李毅学, 汪寿阳, 冯耕中. 物流金融中季节性存货质押融资质押

率决策 [J]. 管理科学学报, 2011, (11): 19-32.

[26] 李增泉, 孙铮, 王志伟. "掏空" 与所有权安排——来自我国上市公司大股东资金占用的经验证据 [J]. 会计研究, 2004, (12): 3-13.

[27] 连玉君, 刘醒云, 苏治. 现金持有的行业特征: 差异性与收敛性 [J]. 会计研究, 2011, (7): 66-72.

[28] 连玉君, 彭方平, 苏治. 融资约束与流动性管理行为 [J]. 金融研究, 2010, (10): 158-171.

[29] 连玉君, 钟经樊. 中国上市公司资本结构动态调整机制研究 [J]. 南方经济, 2007, (1): 23-38.

[30] 梁鸿儒, 郭磊, 李悦. 营运资金管理效率和企业绩效相关性研究述评 [J]. 中国管理信息化, 2014, (15): 2-4.

[31] 廖理, 肖作平. 公司治理影响公司现金持有量吗——来自中国上市公司的经验证据 [J]. 中国工业经济, 2009, (6): 98-107.

[32] 林香山. 企业营运资本管理策略浅析 [J]. 中国商界 (上), 2010, (4): 120-121.

[33] 刘博研, 韩立岩. 现金持有动态调整机制——基于动态面板模型的实证分析 [J]. 数理统计与管理, 2012, (1): 164-176.

[34] 刘亭立, 闫聪颖, 杨松令. 营运资本政策的稳健性是否会受大股东社会资本的影响 [J]. 南方经济, 2017, (1): 30-49.

[35] 刘怀义. 营运资本管理政策影响因素实证研究 [J]. 南开经济研究, 2010, (3): 105-115.

[36] 刘运国, 黄瑞庆, 周长青. 上市公司营运资金管理策略实证分析 [J]. 贵州财经学院学报, 2001, (3): 6-10.

[37] 毛付根. 论营运资金管理的基本原理 [J]. 会计研究, 1995, (1): 38-40.

[38] 孟焰, 孙健, 卢闯等. 中国管理会计研究述评与展望 [J]. 会计研究, 2014, (9): 3-12.

[39] 逢咏梅. 供应链交易、制衡机制与营运资金管理效率研究 [D]. 南京大学, 2013.

［40］彭桃英，周伟．中国上市公司高额现金持有动因研究——代理理论抑或权衡理论［J］．会计研究，2006，（5）：42－49，95.

［41］秦中民，孙蕊，鲍双双．求索融合之道共绘改革蓝图——2014营运资金管理高峰论坛暨混合所有制与资本管理高峰论坛召开［J］．财务与会计，2015，（2）：75－77.

［42］屈耀辉．中国上市公司资本结构的调整速度及其影响因素——基于不平行面板数据的经验分析［J］．会计研究，2006，（6）：58－64，99.

［43］宋在科，王柱．企业会计政策选择研究——基于利益相关者理论［J］．会计研究，2008，（6）：39－45.

［44］汪平．论营运资本管理［J］．山东税务纵横，2000，（7）：44－46.

［45］汪平，辜玉璞，闫甜．营运资本、营运资本政策与企业价值——基于中国上市公司报告数据的分析［A］．中国会计学会财务成本分会、中国海洋大学管理学院．中国会计学会财务成本分会2006年年会暨第19次理论研讨会论文集（下）［C］．中国会计学会财务成本分会．中国海洋大学管理学院，2006：15.

［46］汪平，闫甜．营运资本、营运资本政策与企业价值研究——基于中国上市公司报告数据的分析［J］．经济与管理研究，2007，（3）：27－36.

［47］王冬梅，朱先朋．宏观经济因素对中小制造企业营运资本管理的影响机理研究［J］．现代管理科学，2013，（10）：42－45.

［48］王丽娜，高绪亮．营运资本政策研究综述［J］．财会研究，2008，（17）：50－53.

［49］王治安，吴娜．管理资产负债表视角下营运资本管理与企业价值的相关性研究［J］．财会月刊，2007，（32）：3－5.

［50］王治安，吴娜．营运资本管理行业差异及其影响因素［J］．财会月刊，2007，（26）：3－6.

［51］王治安，吴娜．基于面板数据的营运资本管理行业差异及其影响因素分析［C］．中国会计学会2007年学术年会会议论文集，2007：1658－1667.

［52］王竹泉，逄咏梅，孙建强．国内外营运资金管理研究的回顾与展

望 [J]. 会计研究, 2007, (2): 85-90.

[53] 王竹泉, 王苑琢. 营运资金管理研究的发展趋势与前沿问题 [A]. 中国会计学会. 中国会计学会 2013 年学术年会论文集 [C]. 中国会计学会, 2013: 11.

[54] 王竹泉, 孙莹, 张先敏, 杜媛, 王秀华. 中国上市公司营运资金管理调查: 2013 [J]. 会计研究, 2014, (12): 72-78.

[55] 王竹泉, 孙莹. 营运资金概念重构与分类研究——由 IASB/FASB 联合概念框架引发的思考 [A]. 中国会计学会教育分会. 中国会计学会 2010 年学术年会营运资金管理论坛论文集 [C]. 中国会计学会教育分会, 2010: 9.

[56] 翁洪波, 吴世农. 机构投资者、公司治理与上市公司股利政策 [J]. 中国会计评论, 2007, (3): 367-380.

[57] 吴娜. 经济周期、融资约束与营运资本的动态协同选择 [J]. 会计研究, 2013, (8): 54-61.

[58] 吴娜. 营运资本管理策略激进度与策略绩效评价指标的相关性研究 [J]. 会计之友, 2012, (8): 29-32.

[59] 吴娜, 韩传模. 营运资本管理策略激进度研究——基于中国上市公司的经验证据 [J]. 现代管理科学, 2010, (3): 13-15.

[60] 吴世农. 我国证券市场效率的分析 [J]. 经济研究, 1996, (4): 13-19, 48.

[61] 谢佩帛, 张晓峰. 中小企业营运资本管理与经营绩效相关性研究 [J]. 商业会计, 2015, (9): 26-28.

[62] 寻小涛. 企业生命周期各阶段的营运资本管理政策分析 [J]. 才智, 2010, (12): 32.

[63] 杨广青, 丁茜. 行业特征、创新战略与资本结构——基于跨层次模型的实证研究 [J]. 经济管理, 2012, (6): 45-53.

[64] 杨兴全, 吴昊旻, 曾义. 公司治理与现金持有竞争效应——基于资本投资中介效应的实证研究 [J]. 中国工业经济, 2015, (1): 121-133.

[65] 杨兴全, 张照南. 制度背景、股权性质与公司持有现金价值 [J].

经济研究, 2010, (12): 111 - 123.

[66] 姚伟, 黄卓, 郭磊. 公司治理理论前沿综述 [J]. 经济研究, 2003, (5): 83 - 90.

[67] 叶陈刚, 武剑锋, 彭斐. 董事会特征、股权结构与营运资本管理效率 [J]. 中国审计评论, 2015, (1): 11 - 24.

[68] 伊志宏, 姜付秀, 秦义虎. 产品市场竞争、公司治理与信息披露质量 [J]. 管理世界, 2010, (1): 133 - 141.

[69] 阴留军. 营运资金持有与融资政策的确定 [J]. 财会月刊, 2001, (18): 25 - 26.

[70] 阴留军. 营运资金持有政策和融资政策的确定 [J]. 中国地质矿产经济, 2001, (7): 44 - 47.

[71] 于博. 货币政策、营运资本管理与企业投资效率——基于中国房地产上市企业的实证检验 [J]. 经济与管理研究, 2014, (2): 78 - 85.

[72] 袁卫秋. 营运资本管理效率对企业盈利水平和盈利质量的影响研究 [J]. 河北经贸大学学报, 2015, (2): 62 - 66.

[73] 袁卫秋. 融资约束下的营运资本管理效率与盈利能力——基于制造业上市公司的经验证据 [J]. 上海经济研究, 2013, (10): 22 - 34.

[74] 袁卫秋. 上市公司营运资本管理政策研究——基于制造业的经验证据 [J]. 云南财经大学学报, 2012, (4): 105 - 113.

[75] 袁卫秋. 静态权衡理论与啄食顺序理论的实证检验 [J]. 数量经济技术经济研究, 2004, (2): 148 - 153.

[76] 袁卫秋, 董秋萍. 营运资本管理研究综述 [J]. 经济问题探索, 2011, (12): 157 - 162.

[77] 曾义. 营运资本能够平滑公司资本性投资吗?——基于产权性质和金融发展的经验证据 [J]. 中央财经大学学报, 2015, (2): 60 - 68.

[78] 张敦力, 黄永华, 叶继英. 高管背景特征与营运资金管理效率的实证研究——来自中国纺织服装业上市公司的证据 [J]. 财政监督, 2012, (35): 16 - 19.

[79] 张会丽, 陆正飞. 现金分布、公司治理与过度投资——基于我国

上市公司及其子公司的现金持有状况的考察 [J]. 管理世界, 2012, (3): 141 – 150, 188.

[80] 张维迎. 公司治理中的价值创造与财富分配 [J]. 中国高新技术企业, 2005, (6): 80 – 81.

[81] 张学勇, 廖理. 股权分置改革、自愿性信息披露与公司治理 [J]. 经济研究, 2010, (4): 28 – 39, 53.

[82] 赵蒲, 孙爱英. 产业竞争、非理性行为、公司治理与最优资本结构——现代资本结构理论发展趋势及理论前沿综述 [J]. 经济研究, 2003, (6): 81 – 89.

[83] 郑红亮, 王凤彬. 中国公司治理结构改革研究: 一个理论综述 [J]. 管理世界, 2000, (3): 119 – 125.

[84] 朱大鹏, 孙兰兰. CFO背景特征、高管激励与营运资金管理绩效 [J]. 会计之友, 2015, (5): 23 – 27.

[85] 朱晓. 营运资本筹资战略政策影响因素分析——基于新疆上市公司的经验数据 [J]. 新疆财经大学学报, 2015, (1): 47 – 54.

[86] 邹萍. 货币政策、股票流动性与资本结构动态调整 [J]. 审计与经济研究, 2015, (1): 74 – 82.

[87] Achchuthan, S. , K. Rajendran. 2013, "Corporate governance practices and firm performance: evidence from Sri Lanka", *European Journal of International Management*, Vol. 5, pp. 19 – 26.

[88] Afza, T, Nazir, M. S. 2008, "Working Capital Approaches and Firm's Returns in Pakistan", *Pakistan Journal of Commerce & Social Sciences*, Vol. 1 (1), pp. 25 – 36.

[89] Aktas, N. , Croci, E. , D. Petmezas. 2015, "Is working capital management value-enhancing? evidence from firm performance and investments. ", *Journal of Corporate Finance*, Vol. 30 (1), pp. 98 – 113.

[90] Allen F, Qian J, Qian M. 2005, "Law, Finance, and Economic Growth in China", *Journal of Financial Economics*, Vol. 77 (1), pp. 57 – 116.

[91] Almeida H. , Campello M. , Weisbach M. S. 2011, " Corporate

financial and investment policies when future financing is not friction less", *Journal of Corporate Finance*, Vol. 17 (3), pp. 675 – 693.

[92] Almeida H. , Campello M. , Weisbach M. S. 2004, "The cash flow sensitivity of cash", *The Journal of Finance*, Vol. 59 (4), pp. 1777 – 1804.

[93] Altman, E. I. 1984, "The success of business failure prediction models: an international survey", *Journal of Banking & Finance*, Vol. 8 (2), pp. 171 – 198.

[94] Azeem, M. M. , Akin Marsap. 2015, "Determinant factors and working capital requirement", *International Journal of Economics & Finance*, Vol. 7 (2), pp. 280 – 292.

[95] Bai J, Ng S. 2002, "Determining the Number of Factors In Approximate Factor Models", *Econométrica Journal of the Econometric Society*, Vol. 70 (1), P. 221.

[96] Baños – Caballero, S. , P. J. García – Teruel & P. Martínez – Solano. 2014. "Working capital management, corporate performance, and financial constraints", *Journal of Business Research*, Vol. 67 (3), pp. 332 – 338.

[97] Baños – Caballero, S. , P. J. García – Teruel & P. Martínez – Solano. 2013. "The Speed of Adjustment in Working Capital Requirement", *European Journal of Finance*, Vol. 19 (10), pp. 978 – 992.

[98] Baños – Caballero, S. , P. J. García – Teruel & P. Martínez – Solano. 2012. "How does working capital management affect the profitability of Spanish SMEs? ", *Small Business Economics*, Vol. 39 (2), pp. 517 – 529.

[99] Baños – Caballero, S. , P. J. García – Teruel & P. Martínez – Solano. 2010. "Working capital management in SMEs", *Journal of Pediatric Ophthalmology & Strabismus*, Vol. 50 (3), pp. 511 – 527.

[100] Banerjee, S. , Heshmati, A. , Wihlborg, C. 2004, "The Dynamics of Capital Structure", *Research in Banking and Finance*, Vol. 4 (1), pp. 275 – 297.

[101] Barton, G. T. 2013, "Working Capital Adjustments: One Size Doesn't

Fit All", *Journal of Private Equity*, Vol. 16 (3), pp. 33 – 35.

[102] Berk, J. B., Demarzo, P. M., Harford, J. V. T. 2009, " Fundamentals of corporate finance: international financial reporting standards edition", *Pearson/Prentice Hall.*, pp. 701 – 704.

[103] Billett, M. T., King, T. H. D., Mauer, D. C. 2007, " Growth opportunities and the choice of leverage, debt maturity, and covenants", *Journal of Finance*, Vol. 62 (2), pp. 697 – 730.

[104] Blundell, R., Bond, S. 1998, " Initial conditions and moment restrictions in dynamic panel data models", *Journal of Econometrics*, Vol. 87 (1), pp. 115 – 143.

[105] Bond, S. R. 2002, "Dynamic panel data models: a guide to micro data methods and practice", *Portuguese Economic Journal*, Vol. 1 (2) 2, pp. 141 – 162.

[106] Brennan, M., Schwartz, E. 1978, "Corporate Income Taxes, Valuation and the Problem of Optimal Capital Structure", *Journal of Business*, Vol. 51, pp. 103 – 114.

[107] Burns, R., Walker, J. 1991, " A survey of working capital policy among small manufacturing firms", *Journal of Entrepreneurial Finance*, Vol. 1 (1), pp. 61 – 74.

[108] Byoun S. 2008, "How and when do firms adjust their capital structures toward targets", *The Journal of Finance*, Vol. 63 (6), pp. 3069 – 3096.

[109] Cheng, C. S. A., Eshleman, J. D. 2014, "Does the Market Overweight Imprecise Information? Evidence From Customer Earnings Announcements", *Review of Accounting Studies*, Vol. 19 (3), pp. 1125 – 1151.

[110] Chiou, J. R., Cheng, L. 2006, "The determinants of Working Capital Management", *The Journal of American Academy of Business*, Vol. 10 (1), pp. 149 – 155.

[111] Choi, W. G. & Kim, Y. 2005, "Trade credit and the effect of macro-financial shocks: evidence from U. S. panel data", *Journal of Financial and Quantitative Analysis*, Vol. 3 (4), pp. 897 – 925.

［112］ Cook, D. O. , Tang, T. 2010, "Macroeconomic conditions and cap-ital structure adjustment speed", *Journal of Corporate Finance*, Vol. 16 (1), pp. 73 – 87.

［113］ Cooper, A. C. , Woo, C. Y. , Dunkelberg, W. C. 1988, "Entre-preneurs' perceived chances for success", *Journal of Business Venturing*, Vol. 3 (2), pp. 97 – 108.

［114］ Cummins, J. G. , Nyman, I. 2004, "Optimal investment with fixed financing costs", *Finance Research Letters*, Vol. 1 (4), pp. 226 – 235.

［115］ Cuong, N. T. , Cuong, B. M. , 2016, "The determinants of working capital requirement and speed of adjustment: evidence from Vietnam's seafood pro-cessing enterprises", *International Research Journal of Finance & Economics*, Vol. 1 (147), pp. 88 – 98.

［116］ Danuletiu, A. E. 2010, "Working capital management and profitabili-ty: a case of Alba county companies", *Annales Universitatis Apulensis*, Vol. 1 (12), P. 36.

［117］ Dass, N. , Kini, O. , Nanda, V. , et al. 2014, "Board Expertise: Do Directors From Related Industries Help Bridge the Information Gap?", *Review of Financial Studies*, Vol. 27 (5), pp. 1533 – 1592.

［118］ Daidj, Nabyla. 2016, "Strategy, structure and corporate governance: expressing inter-firms networks and group-afiliated companies", *Industrial Market-ing Management*, Vol. 32 (8), pp. 703 – 716.

［119］ Deloof, M. 2003, "Does working capital management of Belgian firms?", *Journal of Business, Finance and Accounting*, Vol. 30 (3), pp. 573 – 587.

［120］ Enqvist, J. , Graham, M. , Nikkinen, J. 2011, "The impact of working capital management on firm profitability in different business cycles: evi-dence from finland. ", *Research in International Business & Finance*, Vol. 32 (C), pp. 36 – 49.

［121］ Fama, E. F. & M. C. Jensen. 1983, "Separation of ownership and con-trol", *Journal of Law & Economics*, Vol. 26 (2), pp. 301 – 325.

［122］Fama, E. F. , French, K. R. 2002,"Testing trade-off and pecking order predictions about dividends and debt", *Review of Financial Studies*, Vol. 15 (1), pp. 1 – 33.

［123］Faulkender, M. & Wang, R. 2006, "Corporate financial policy and the value of cash", *Journal of Finance*, Vol. 61 (4), pp. 1957 – 1990.

［124］Faulkender, M. , Petersen, M. A. 2010, "Does the source of capital affect capital structure?", *Review of Financial Studies*, Vol. 19 (1), pp. 45 – 79.

［125］Fischer, E. O. , Heinkel, R. , Zechner, J. 1989, "Dynamic capital structure choice: theory and tests", *Journal of Finance*, Vol. 44 (1), pp. 19 – 40.

［126］Flannery, M. J. & K. P. Rangan. 2006, "Partial adjustment toward target capital structures". *SSRN Electronic Journal*, Vol. 79 (3), pp. 469 – 506.

［127］Frank, M. Z. , Goyal, V. K. 2000, "Testing the pecking order theory of capital structure", *Journal of Financial Economics*, Vol. 67 (2), pp. 1 – 4.

［128］Frésard, L. , Salva, C. 2009, "The value of excess cash and corporate governance: evidence from us cross-listings", *Social Science Electronic Publishing*, Vol. 98 (2), pp. 359 – 384.

［129］Gābudean, R. 2006, "Strategic interaction and the co-determination of firms financial policies", *Social Science Electronic Publishing*, Vol. 1, pp. 1 – 56.

［130］Gamba, A. , Triantis, A. 2008, "The Value of Financial Flexibility", *The Journal of Finance*, Vol. 63 (5), pp. 2263 – 2296.

［131］García Teruel, P. J. & Martínez-Solano, P. 2007, "Effects of working capital management on sme profitability", *International Journal of Managerial Finance*, Vol. 3 (2), pp. 164 – 177.

［132］Garcíateruel, P. J. 2013, "The speed of adjustment in working capital requirement", *European Journal of Finance*, Vol. 19 (10), pp. 1 – 15.

［133］Gervais, S. , Odean, T. 1997, "Learning to be overconfident", *Social Science Electronic Publishing*, Vol. 14 (1), pp. 1 – 27.

［134］Gill, A. S. , Biger, N. 2013, "The impact of corporate governance on working capital management efficiency of american manufacturing firms", *Managerial Finance*, Vol. 39 (2), pp. 116 – 132.

[135] Goel, A. M. , Thakor, A. V. 2010, "Overconfidence, CEO selection, and corporate governance", *Journal of Finance*, Vol. 63 (6), pp. 2737 – 2784.

[136] Graham J. R. , Harvey C. R. 2001, "The theory and practice of corporate finance: Evidence from the field", *Journal of financial economics*, Vol. 60 (2), pp. 187 – 243.

[137] Hackbarth, D. 2009, "Determinants of corporate borrowing: a behavioral perspective ", *Social Science Electronic Publishing*, Vol. 15 (4), pp. 389 – 411.

[138] Hackbarth, D. , Miao, J. , Morellec, E. 2006, "Capital structure, credit risk, and macroeconomic conditions", *Journal of Financial Economics*, Vol. 82 (3), pp. 519 – 550.

[139] Hambrick, D. C. , Mason, P. A. 1982, " Upper echelons: the organization as a reflection of its top managers", *Academy of Management Annual Meeting Proceedings*, Vol. 9 (2), pp. 193 – 206.

[140] Heaton, J. B. 2002, "Managerial optimism and corporate finance", *Financial Management*, Vol. 31 (2), pp. 33 – 45.

[141] Hertzel, M. G. , Li, Z. , Officer, M. S. , et al. 2008, " Inter-firm Linkages and the Wealth Effects of Financial Distress Along the Supply Chain", *Journal of Financial Economics*, Vol. 87 (2), pp. 374 – 387.

[142] Hill, M. D. , K. G. Wayne, M. J. Highfield. 2010, " Net Operating working capital behavior: a first look", *Financial Management*, Vol. 39 (2), pp. 783 – 805.

[143] Hovakimian A, Opler T, Titman S. 2001, " The Debt-equity Choice", *Journal of Financial & Quantitative Analysis*, Vol. 36 (1), pp. 1 – 24.

[144] Huang, R. , Ritter, J. R. 2009, "Testing theories of capital structure and estimating the speed of adjustment", *Journal of Financial & Quantitative Analysis*, Vol. 44 (2), pp. 237 – 271.

[145] Jensen, M. C. 1986, "Agency cost of free cash flow, corporate finance,

and takeovers", *American Economic Review*, Vol. 76 (2), pp. 323 – 329.

[146] Jensen M. C., Meckling W. H. 1976, "Theory of the firm: Managerial behavior, agency costs and ownership structure", *Journal of Financial Economics*, Vol. 3 (4), pp. 305 – 360.

[147] Jensen M. C. 1994, "The modern industrial revolution, exit, and the failure of internal control systems", *Journal of Finance*, Vol. 48 (3), pp. 831 – 880.

[148] Jin, Y., Zeng, Z. 2002, "The working capital channel and cross-sector comovement", *Journal of Economics*, Vol. 28, pp. 51 – 65.

[149] Jose, M. L., C. Lancaster & J. L. Stevens. 1996, "Corporate return and cash conversion cycle", *Journal of Economics and Finance*, Vol. 20, pp. 33 – 46.

[150] Kieschnick, R. 2013, "Working capital management and shareholders' wealth", *Review of Finance*, Vol. 17 (5), pp. 1827 – 1852.

[151] Korajczyk, R. A., Levy, A. 2003, "Capital structure choice: macroeconomic conditions and financial constraints", *Journal of Financial Economics*, Vol. 68 (1), pp. 75 – 109.

[152] Kraus, A., Litzenberger, R. H. 1973, "A state-preference model of optimal financial leverage", *Journal of Finance*, Vol. 28 (4), pp. 911 – 922.

[153] Langer, E. J. 1975, "The illusion of control", *Journal of Personality & Social Psychology*, Vol. 32 (2), pp. 311 – 328.

[154] Leland, H. E. 1998, "Agency costs, risk management, and capital structure", *Journal of Finance*, Vol. 53 (4), pp. 1213 – 1243.

[155] Levy, A., Hennessy, C. 2007, "Why does capital structure choice vary with macroeconomic conditions", *Journal of Monetary Economics*, Vol. 54 (6), pp. 1545 – 1564.

[156] Lin, Y. H., Hu, S. Y., Chen, M. S. 2005, "Managerial optimism and corporate investment: some empirical evidence from Taiwan", *Pacific – Basin Finance Journal*, Vol. 13 (5), pp. 523 – 546.

[157] Lovallo, D., Kahneman, D. 2003, "Delusions of success. how optimism undermines executives' decisions", *Harvard Business Review*, Vol. 81

（7），pp. 56 – 63，117.

［158］ Love，I.，Preve，L. A.，Sarria – Allende，V. 2010，"Trade credit and bank credit：evidence from recent financial crises"，*Social Science Electronic Publishing*，Vol. 83（2），pp. 453 – 469.

［159］ Luo，S.，Nagarajan，N. J. 2015，" Information Complementarities and Supply Chain Analysts"，*Accounting Review*，Vol. 9（5），pp. 1995 – 2029.

［160］ Malmendier，U.，Tate，G. 2005，"CEO overconfidence and corporate investment"，*The Journal of Finance*，Vol. 60（6），pp. 2661 – 2700.

［161］ March，J. G.，Shapira，Z. 1987，"Managerial perspectives on risk and risk taking"，*Management Science*，Vol. 33（11），pp. 1404 – 1418.

［162］ Marchica M. T.，Mura R. 2010，"Financial flexibility，investment ability，and firm value：evidence from firms with spare debt capacity"，*Financial Management*，Vol. 39（4），pp. 1339 – 1365.

［163］ Marsh，P. 1982，"The choice between equity and debt：an empirical study"，*Journal of Finance*，Vol. 37（1），pp. 121 – 144.

［164］ Martínezsolano，P. 1967，"The speed of adjustment in working capital requirement"，*International Surgery*，Vol. 47（3），pp. 282 – 287.

［165］ Michel，J. G.，Hambrick，D. C. 1992，"Diversification posture and top management team characteristics"，*Academy of Management Journal*，Vol. 35（1），pp. 9 – 37.

［166］ Minton B.，Wruck K. H. 2001，"Financial policy，investment opportunities and the demand for external financing：Evidence from low debt firms"，*Working Paper of Ohio State University*，Vol. 1（1），pp. 1 – 41.

［167］ Modigliani F.，Miller M. H. 1958，"The cost of capital，corporation finance and the theory of investment"，*The American economic review*，Vol. 48（3），pp. 261 – 297.

［168］ Molina，C. A.，Preve，L. A. 2009，"Trade receivables policy of distressed firms and its effect on the costs of financial distress"，*Financial Management*，Vol. 38（3），pp. 663 – 686.

[169] Murfin, J., Njoroge, K. 2015, "The Implicit Costs of Trade Credit Borrowing By Large Firms", *Review of Financial Studies*, Vol. 28 (1), pp. 112 - 145.

[170] Myers S. C. 1977, "Determinants of corporate borrowing", *Journal of financial economics*, Vol. 5 (2), pp. 147 - 175.

[171] Myers S. C., Majluf N. S. 1984, "Corporate financing and investment decisions when firms have information that investors do not have", *Journal of financial* economics, Vol. 13 (2), pp. 187 - 221.

[172] Nadiri M. I. 1969, "The Determinants of Trade Credit in the U. S. Total Manufacturing Sector", *Econometrica*, Vol. 37 (3), pp. 408 - 423.

[173] Nazarov, D & G. Smorodin, 2014, "Sales company working capital adjustment on bases of fuzzy logic model", *IEEE, International Conference on Application of Information and Communication Technologies IEEE*, pp. 1 - 4.

[174] Niskanen J, Niskanen M. 2006, "The Determinants of Corporate Trade Credit Policies in a Bank-dominated Financial Environment: the Case of Finnish Small Firms", *European Financial Management*, Vol. 12 (1), pp. 81 - 102.

[175] OECD. 2010, "Annex to chapter iii. example of a working capital adjustment", Source OECD Industry Services & Trade, Vol. 4 (5), pp. 305 - 309.

[176] Olayinka Olufisayo Akinlo. 2012, "Determinants of working capital requirements in selected quoted companies in nigeria", *Journal of African Business*, Vol. 13 (1), pp. 40 - 50.

[177] Opler T., Pinkowitz L., Stulz R., et al. 1999, "The determinants and implications of corporate cash holdings", *Journal of Financial Economics*, Vol. 52 (1), pp. 3 - 46.

[178] Ouyang L. Y., Teng J. T., Chuang K. W., Chuang B. R. 2005, "Optimal Inventory Policy with Noninstantaneous Receipt under Trade Credit", *International Journal of Production Economics*, Vol. 98 (3), pp. 290 - 300.

[179] Owolabi, S. A., Alu, C. N. 2012, "Effective working capital management and profitability: a study of selected quoted manufacturing companies in

nigeria", *Economics & Finance Review*, Vol. 2 (6), pp. 55 – 67.

[180] Padachi K. 2006, "Trends in working capital management and its impact on firms' performance: an analysis of Mauritian small manufacturing firms", *International Review of Business Research Papers*, Vol. 2 (4), pp. 45 – 58.

[181] Pass C, Pike R. 1987, "Management of Working Capital: A Neglected Subject", *Management Decision*, Vol. 25 (1), pp. 18 – 24.

[182] Patatoukas, P. N., Thomas, J. K. 2011, "More Evidence of Bias in the Differential Timeliness Measure of Conditional Conservatism", *Accounting Review*, Vol. 86 (5), pp. 1765 – 1793.

[183] Peles, Y. C. & M. I. Schneller. 1989, "The duration of the adjustment process of financial ratios", *Review of Economics & Statistics*, Vol. 71 (3), pp. 527 – 532.

[184] Ray, S. 2012, "Evaluating the impact of working capital management components on corporate profitability: evidence from Indian manufacturing firms", *International Journal of Economic Practices & Theories*, Vol. 2 (3), pp. 127 – 136.

[185] Ramiah, V., Zhao, Y. 2015, "A behavioural finance approach to working capital management", *European Journal of Finance*, pp. 1 – 26.

[186] Rehman A. U., Wang M., Kabiraj S. 2017, "Working capital management in Chinese firms: an empirical investigation of determinants and adjustment towards a target level using dynamic panel data model", *Afro – Asian Journal of Finance and Accounting*, Vol. 7 (1), pp. 84 – 105.

[187] Roodman, David Malin. 2006, "How to do Xtabond2: An Introduction to Difference and System", *GMM in Stata*, Vol. 9 (1), pp. 86 – 136.

[188] Ruback, R. S., Jensen, M. C. 1983, "The market for corporate control: the scientific evidence", *Journal of Financial Economics*, Vol. 11 (14), pp. 5 – 50.

[189] Schiff M, Lieber Z. A. 1974, "Model for the Integration of Credit and Inventory Management", *The Journal of Finance*, Vol. 29 (1), pp. 133 – 140.

[190] Schmidt, Cornelius & R. Fahlenbrach. 2017, "Do exogenous changes in passive institutional ownership affect corporate governance and firm value?", *Journal of Financial Economics*, Vol. 124 (2), pp. 285 – 306.

[191] Scott, J. H. 1976, "A theory of optimal capital structure", Bell Journal of *Economics*, Vol. 7 (1), pp. 33 – 54.

[192] Shefrin, H. 2001, "Behavioral corporate finance", *Journal of Applied Corporate Finance*, Vol. 14 (3), pp. 113 – 126.

[193] Simon, H. A. 1955, "Behavioral model of rational choice", *Quarterly Journal of Economics*, Vol. 69 (1), pp. 99 – 118.

[194] Smith, K. 1980, "Profitability versus liquidity trade offs in working capital management", *Princeton*: *West Publishing Company*, pp. 549 – 562.

[195] Stank, TP, Closs, D. J. 2001, " Performance Benefits of Supply Chain Logistical Integration", *Transportation Journal*, Vol. 41 (2), pp. 32 – 46.

[196] Ting, I. W. K., Lean, H. H., Qian, L. K., Azizan, N. A. 2016, "Managerial overconfidence, government intervention and corporate financing decision", *International Journal of Managerial Finance*, Vol. 12 (1), pp. 4 – 24.

[197] Warner, J. B. 1977, "Bankruptcy Costs: Some Evidence", *Journal of Finance*, Vol. 32 (2), pp. 337 – 347.

[198] Whited, T. M., Wu, G. 2006, "Financial constraints risk", *Social Science Electronic Publishing*, Vol. 19 (2), pp. 531 – 559.

[199] Wilner B. S. 2000, "The Exploitation of Relationships in Financial Distress: The Case of Trade Credit", *The Journal of Finance*, Vol. 55 (1), pp. 153 – 178.

[200] Windmeijer F. 2005, "A finite sample correction for the variance of linear efficient two-step GMM estimators", *Journal of Econometrics*, Vol. 126 (1), pp. 2 – 51.

[201] Zariyawati, Annuar, Taufiq, A. S., Abdul & Rahim. 2009, "Working capital management and corporate performance: case of malaysia", *Journal of Modern Accounting & Auditing*, Vol. 5 (11), pp. 47 – 54.